Drei Ratekrimis
zu genialen Forschern

ISBN 978-3-7432-0053-1
1. Auflage als Loewe-Taschenbuch 2018
© für diese Ausgabe 2018 Loewe Verlag GmbH, Bindlach
Dieser Band enthält die Einzelbände *Der gestohlene Geigenkasten, Alarm im Laboratorium, Im Bann der Alchemie* (aus der Reihe *Tatort Forschung*)
© 2006, 2009 Loewe Verlag GmbH, Bindlach
Umschlagillustration: Daniel Sohr
Umschlaggestaltung: Ramona Karl
Printed in Germany

www.loewe-verlag.de

Inhalt

Der gestohlene Geigenkasten

Im Bann
der Alchemie

Alarm im Laboratorium

Bellinda

Der gestohlene Geigenkasten

Illustrationen von Johann Brandstetter

Diebe in der Nacht

Professor Einsteins dunkle Augen glänzten wie blank polierte Kohlestückchen, und seine Wangen waren gerötet. Mit einer liebevollen Geste strich er über seine Geige und legte sie dann so sorgfältig in den Geigenkasten, als würde er ein kleines Kind in die Wiege betten.

Jakob betrachtete seine eigene Geige. Es war doch einfach nur ein hölzernes Ding, das zudem furchtbarste Töne von sich gab! Zumindest wenn er, Jakob, darauf spielte. Oh, er mochte sie gar nicht, seine Geige.

„Du siehst aus, als wolltest du ihr etwas ganz Schlimmes antun", lachte Hannah leise.

„Du musst ja auch nicht Geige spielen, sondern darfst das Klavier bearbeiten", versetzte Jakob etwas patzig.

„Und muss trotzdem die gleichen altbackenen Stücke spielen wie du. Es ist einfach ein Jammer, dass sich Papa nicht für Tango interessiert."

„Oder für Ragtime."

Die Zwillinge warfen sich einen Blick zu und seufzten. Sie wussten nur zu gut, dass sie sich in dieser Hinsicht keine Hoffnungen zu machen brauchten:

Ragtime war für Herrn Goldfarb nichts als „kolossaler Unfug". Deshalb würde man bis in alle Ewigkeit bei Mozart, Bach und Schubert bleiben und damit Stücke spielen, die, wie Hannah es ausdrückte, irgendwie nach Staub klangen.

„Na ja, für diese Woche ist die Hausmusik ja überstanden ...", murmelte Hannah.

Als hätte der Professor sie gehört, verabschiedete er sich eben mit den Worten: „Schade, lieber Goldfarb, dass unser Musizieren nur einmal die Woche stattfindet ..."

„Nun, vielleicht finden wir auch noch öfter Zeit dafür?", antwortete Herr Goldfarb eifrig. Die Zwillinge wurden blass um die Nasenspitze.

„Das wäre ja wunderbar!" Der Professor geriet in einen wahren Freudentaumel und erging sich dann in Spekulationen darüber, wann er womöglich mehr Zeit hätte, die er eigentlich gar nicht erübrigen konnte. In diese Überlegungen vertieft, schlenderte er gedankenverloren mit Hauslehrer Timmelmann und Herrn Goldfarb aus dem Musikzimmer.

„Na, das hat gerade noch gefehlt! Noch mehr Musizieren", stöhnte Jakob auf und dachte gerade ernsthaft darüber nach, seiner Geige den Garaus zu machen und damit der verflixten Hausmusik ein Ende zu setzen,

als er einen vertrauten und vor allem sehr verhei-
ßungsvollen Duft wahrnahm. Die Geige und das ihr
zugedachte Schicksal waren augenblicklich vergessen.

„Makkaroni mit Käse!", jubelte er.

„Wusstest du das nicht? Hat Jette doch heute Morgen
schon angekündigt ...", antwortete Hannah viel zu ge-
langweilt für Jakobs Ohren, während sie versuchte, vor
dem großen Spiegel ihr Haar in Ordnung zu bringen.

Jakob packte seine Zwillingsschwester an der Hand
und zog sie mit sich. Wenn Makkaroni mit Käse warteten, waren Haarschleifen und Bänder wirklich nicht
wichtig, und so drängte er Hannah den Flur entlang
ins Speisezimmer, ohne einen weiteren Aufenthalt vor
einem der unzähligen Spiegel im Haus zu genehmigen.

Während des Abendessens hatte Jakob große Mühe, sich nicht völlig zu vergessen. Er schlang die Makkaroni würdelos, aber mit großem Appetit in sich hinein. Einmal verschluckte er sich beinahe und empfing dafür prompt einen strengen Blick von seiner Mutter. Jakob grinste verlegen und konzentrierte sich schnell wieder auf seinen Teller. Hannah hingegen versuchte, sich an ihrer Mutter ein Vorbild zu nehmen, und pikste immer nur eine Nudel mit der Gabel auf. Das sah bestimmt sehr vornehm aus.

Weniger vornehm aßen die beiden neuen Hausgäste, zwei Studenten, die für ein paar Wochen im Hause Goldfarb logieren würden. „Studenten haben nicht viel Geld, und darum muss man ihnen helfen", sagte Papa Goldfarb immer, und deshalb saßen nun auch Heinrich und Ludwig bei Tisch und gaben sich größte Mühe, Nudeln und Käse ohne größere Unfälle auf ihre Gabeln zu schubsen.

Die beiden Studenten waren eben erst angekommen. Hannah fand sie viel interessanter als die Makkaroni auf ihrem Teller. Zumal Heinrich Linkshänder war und Hannahs Aufmerksamkeit damit fesselte, wie er Messer und Gabel für ihre Augen verkehrt herum in seinen Händen hielt.

„Hat das Essen gemundet?", fragte Frau Goldfarb

schließlich höflich, aber mit einem gewissen Unterton in der Stimme, der besagte, dass sie es eigentlich nicht hören wollte, falls jemand an den Makkaroni mit Käse etwas auszusetzen hatte. Dieser Unterton entging niemandem bei Tisch, war aber trotzdem völlig unnötig.

„Es war fabelhaft!", war die einhellige Meinung aller. Die beiden Hausgäste nickten stumm, aber sichtlich angetan. Mademoiselle Eloise ließ sich zu einem genäselten „Excellent" hinreißen, und Hauslehrer Timmelmann setzte gar noch einen drauf, indem er die Augen in Verzückung verdrehte und sich dazu den spitzen Bauch rieb. Das wiederum veranlasste die Mademoiselle zu einem vernichtenden Kopfschütteln. Hauslehrer Timmelmann lief rot an und Hannah nutzte die Abgelenktheit ihrer Gouvernante, um Pauline eine Makkaroninudel unter den Tisch fallen zu lassen. Der dicke Mops keuchte vor Freude auf und verschlang sie mit einem viel zu lauten „Haps".

„Fütterst du etwa die 'und?!"

Der Mademoiselle entging doch wirklich gar nichts! Hannah suchte hektisch nach einer Ausrede. Doch in diesem Moment schrillte das Telefon und Pauline, Hannah und das Vergehen waren vergessen.

„Das Telefon!", entfuhr es Jakob völlig unnötig. Am liebsten wäre er aufgesprungen und ins Arbeitszimmer gelaufen. Doch ein Blick seiner Mutter genügte, um ihn auf dem Stuhl festzuhalten, als wäre er dran festgeklebt.

„Dieses neumodische Ding bringt wirklich nur Unruhe in den Haushalt", murmelte Frau Goldfarb.

„Aber das ist der Fortschritt!", warf Jakob ein.

Frau Goldfarb seufzte aus tiefster Seele. Ob der Seufzer Jakob oder dem Telefon galt, blieb ungeklärt, denn nun ergingen sich Herr Goldfarb, Hauslehrer Timmelmann und die beiden Studenten in einer hochwissenschaftlichen Diskussion, das Telefon betreffend, und wurden erst von Jette, dem Dienstmädchen, unterbrochen, die ins Speisezimmer trat.

„War der Professor. Hat seine Geige vergessen und ist ganz verzweifelt. Wir möchten gut auf sie aufpassen. Er nimmt sie morgen mit. Kann ich dann abtragen?"

„Ja ... sicher ...", antwortete Herr Goldfarb etwas wortkarg, aber ihm fehlten immer die Worte, wenn er Jettes Ausführungen im Telegrammstil lauschte.

Jette griff nach Hannahs Teller, hielt inne und sagte: „Ach – sind Notizen im Geigenkasten. Ganz wichtig. Auf die möchten wir auch gut aufpassen. Was gigantisch Wichtiges. Hat er gesagt. Der Professor."

Am nächsten Morgen schlich sich Hannah wie immer nach dem Morgengebet in das Zimmer ihres Bruders. Auch die Dienstboten waren erst seit Kurzem auf den Beinen und Hannah liebte diese Stunde, bevor der Trubel im Haus begann.

„Ist dir eigentlich aufgefallen, wie der eine von den Studenten, Ludwig, gestern Abend hochrot angelaufen ist?", fragte sie Jakob.

„Nein, wann?"

„Als Jette sagte, der Professor hätte seinen Geigenkasten mit den wichtigen Notizen vergessen."

„Mir ist nur aufgefallen, dass dieser Heinrich plötzlich kerzengerade dasaß, hm, merkwürdig ...", murmelte Hannah.

15

„Warum?"

Hannah kam nicht zu einer Antwort. Ein mark-erschütternder Schrei gellte durch das Haus.

„Jette!", riefen die Zwillinge gleichzeitig aus, saus-ten aus dem Zimmer, polterten die Treppe hinunter, dicht gefolgt von Mops Pauline, und stürzten in das Musikzimmer, aus dem der Schrei gekommen war.

„Das ist ja ein Durcheinander ...", stammelte Jakob.

Hannah schlug ihre Hand vor den Mund. Und Pau-line kläffte kräftig und schnüffelte sich zu der Be-scherung.

Das Musikzimmer war völlig verwüstet. Ein Fenster war eingeschlagen, Notenständer umgeworfen, Noten-blätter lagen verstreut über den Boden. Inmitten der Bescherung stand Jette käsebleich vor dem Klavier.

Kurz darauf waren sämtliche Bewohner des Hauses im Zimmer versammelt. Frau Goldfarb war einer Ohnmacht nahe, Hauslehrer Timmelmann schüttelte den Kopf, die Studenten starrten etwas verschlafen auf die Szenerie, und Jette schimpfte leise vor sich hin. Sie wollte eben anfangen, Ordnung zu schaffen, aber Herr Goldfarb hielt sie gerade noch rechtzeitig davon ab.

„Das muss doch erst die Polizei begutachten!", rief er aus.

„Na, dass hier eingebrochen wurde, kann ich Ihnen auch sagen ...", versetzte Jette etwas spitz. „Was gestohlen wurde, wissen wir erst, wenn ich aufgeräumt habe. Aber wenn ich nicht darf ..."

„Gestohlen wurde vielleicht wirklich etwas, aber ein Einbruch? Ich glaube nicht, dass die Diebe von draußen kamen ...", flüsterte Jakob Hannah ins Ohr.

Woran erkennt Jakob, dass die Diebe nicht von draußen kamen?

Ich sehe was, was du nicht siehst

„Aber natürlich", rief Hannah aus. Sie wollte die sensationelle Neuigkeit eigentlich sofort ihrem Vater mitteilen. Leider entdeckte Herr Goldfarb just in diesem Moment, was denn nun eigentlich gestohlen worden war, und pure Verzweiflung zeichnete sich auf seinem Gesicht ab: „Die Geige des Professors ist weg! Das ist ja furchtbar!"

„Meine auch, aber ich finde das eigentlich nicht weiter schlimm ...", flüsterte Jakob.

Als sie dann noch entdeckten, dass auch der silberne Schabbesleuchter gestohlen worden war, traten Frau Goldfarb die Tränen in die Augen.

„Zum Glück ist mein Buch noch da! Ich bin erst bis Kapitel 2 gekommen, wäre schon schade gewesen, wenn ich nicht hätte weiterlesen können ...", murmelte Heinrich und grapschte nach einem Buch mit grünem Ledereinband, das auf dem Klavier lag. Die Bemerkung war denkbar unpassend, aber keiner machte Heinrich darauf aufmerksam, denn die Hektik, die sich anschließend im Hause Goldfarb ausbreitete, war einfach überwältigend. Frau Goldfarb sah den bevorstehenden Schabbes bereits im Chaos versinken, und Herr Goldfarb brachte nur noch die Worte „Die Geige und die Notizen!" heraus.

Der von Diener Karl gerufene Schutzmann war inzwischen eingetroffen. Er stapfte durch das Musikzimmer, hob Notenblätter an und ließ sie wieder sinken und brummelte Unverständliches in seinen Schnurrbart, während er sich Aufzeichnungen machte. Anschließend überprüfte er das restliche Haus, doch die nächtlichen Einbrecher hatten sich offensichtlich auf das Musikzimmer beschränkt. Sonst fehlte nirgends etwas. Vielleicht, so vermutete Herr Goldfarb, waren sie durch ein Geräusch im Haus erschreckt worden.

Obwohl Hannah und Jakob mehrmals versuchten, den Schutzmann anzusprechen, um ihm von ihrer Beobachtung zu erzählen, achtete er überhaupt nicht auf sie. Schließlich bat er Herrn Goldfarb sogar, die Kinder vom Tatort wegzuschicken! Kinder! Immerhin waren sie im Sommer zwölf Jahre alt geworden!

Doch da auch ihre Eltern sich nicht dafür interessierten, was die Zwillinge zu sagen hatten, gaben sie schließlich auf. Dann würden sie eben allein in Aktion treten! Jawohl. Sie hatten ja schon viel über Detektive gelesen und würden das schon schaffen.

„Wir sollten am besten gleich mit der Spurensuche beginnen", flüsterte Hannah, und Jakob nickte entschlossen.

Dieser feste Vorsatz wurde allerdings von Frau Goldfarb zunichte gemacht. „Einbruch hin oder her – heute beginnt Schabbes, und es gibt viel zu tun. Ich hoffe, wir schaffen es überhaupt noch! Jeder muss anpacken, wo es nur geht. Ihr zwei helft Jette beim Koschern des Silbers. Auf, auf!"

Widerspruch war zwecklos, da Frau Goldfarb Haltung und Stimme eines Feldwebels angenommen hatte, und so sahen Hannah und Jakob schließlich ein, dass ihre detektivischen Arbeiten notgedrungen warten mussten.

Den Rest des Tages lief Frau Goldfarb eilig hin und her, treppauf und treppab, um Schabbes zu retten. Es gelang ihr auch, einen zweiten Schabbesleuchter als Ersatz zu beschaffen. Die Männer und Jakob gingen irgendwann in die Synagoge und Hannah half zu Hause beim Decken des Tisches. In den Küchen waren die Dienstboten eifrig mit den letzten Vorbereitungen beschäftigt.

Als Hannah am Nachmittag der verheißungsvolle Duft von Gebratenem und gefilltem Fisch in die Nase stieg, vergaß sie sogar für einen kurzen Augenblick den mysteriösen Diebstahl. Allerdings wirklich nur für einen sehr, sehr kurzen Augenblick ... Wer um Himmels willen konnte den Einbruch vorgetäuscht haben? Es musste ja jemand aus dem Haus sein. Jette? Nein! Herr Timmelmann? Nein, der auch nicht. Vielleicht die Mademoiselle? Undenkbar!

„Hannah – träum nicht vor dich hin. Stell die Menora neben die silberne Platte und die Challot. Die Männer kommen schon aus der Synagoge zurück. Schabbes beginnt gleich! Ist sonst alles fertig?"

Hannah ließ ihren Blick über die gedeckte Tafel schweifen. Trotz des Diebstahls war sie wie jeden Schabbes verzaubert vom silbrigen Glanz der Leuchter, Schalen und Schüsseln, die in schimmerndes Kerzenlicht getunkt waren. Und vor Papas Gedeck stand der kostbare und reich verzierte Weinkelch.

Hannah wollte eben wieder ihre detektivischen Gedanken aufnehmen, als die Männer das Speisezimmer betraten.

„Albert, das mit der Geige tut mir von Herzen leid. Ich werde alles daransetzen, dass wir sie wiederfinden!", sagte Herr Goldfarb an den Professor gewandt.

Der nickte gedankenverloren und strich sich mit der Hand durch das ohnehin schon wirr abstehende Haar. „Es ist nicht nur die Geige. Die Notizen sind ungeheuer wichtig. Mir sind da gestern einige Gedanken gekommen, kurz bevor ich zu euch kam. Bahnbrechendes! Aber es waren Blitzgedanken – ich weiß nicht, ob ich sie alle noch im Gedächtnis habe ...“

Der Professor schien ebenso geknickt wie Herr Goldfarb und beide runzelten die Stirn, wie es sonst nur Pauline tat, wenn sie vom Tisch nichts abbekam.

„Wir müssen ihm helfen!“, flüsterte Jakob Hannah ins Ohr, die grimmig nickte. Oh ja – sie würden den Dieb schon finden!

Sie hätten sich zu gerne gleich über die anstehende Arbeit beraten, aber nun kamen auch Elsa Einstein und Frau Goldfarb ins Speisezimmer und Herr Goldfarb meinte mit einem Blick auf seine Uhr, es wäre bald Zeit, Schabbes zu beginnen.

Allerdings gingen seine Worte in einem ohrenbetäubenden Donnerschlag unter.

„Ah, da ist das Gewitter ja“, sagte Elsa Einstein, gerade so, als hätte sie das Gewitter verloren und es eben wiedergefunden, und freute sich dann darüber, ihrem Mann berichten zu können, dass sie seinen Schirm mitgebracht hätte, den er wie üblich vergessen hatte.

Leise, an Frau Goldfarb gewandt, fügte sie hinzu: „Zum Glück ist sein Kopf angewachsen. Den müsste ich ihm sonst auch immer nachbringen ...“

Das wiederum konnte der Professor nicht hören, denn der einsetzende Regen prasselte mittlerweile munter gegen die Fensterscheiben.

„Nun, sind wir denn dann vollzählig?“

Frau Goldfarb warf einen prüfenden Blick in die Runde, seufzte und sagte: „Nein, Mademoiselle Eloise fehlt noch. Und Ludwig auch.“

„Ähm – Kinder, seht doch mal nach, wo sie stecken“, bat Herr Goldfarb. Auf seiner Stirn zeigten sich kleine Falten.

Hannah und Jakob nickten artig mit dem Kopf und machten sich auf die Suche.

An der Treppe trafen sie auf Jette. Die Gute war hochrot im Gesicht und keuchte, als hätte sie einen Marathonlauf hinter sich. In den Händen balancierte sie die Platte mit dem gefillten Fisch.

„Der Speisenaufzug – schon wieder

hinüber", schimpfte Jette und stapfte weiter die Treppen hoch.

„Weißt du, wo Ludwig und die Mademoiselle sind?"

„Ach? Der Ludwig ist noch nicht da? Und wo die Pute ist, das hat mich noch nie interessiert", versetzte Jette atemlos.

Hannah und Jakob grinsten sich an. Sie mochten Jette zu gerne. Sie sagte immer geradeheraus, was sie dachte. Und außerdem konnte sie die Mademoiselle genauso wenig ausstehen wie sie selbst.

Als Jette weiterging, fiel den Zwillingen auf, dass sie nasse Fußspuren auf dem Teppich hinterließ. Doch bevor sie sich darüber wundern konnten, stürmte Mademoiselle Eloise die Treppe hinauf – ganz undamenhaft und gar nicht so piekfein, wie sie sonst immer tat. Dabei wurde sie von Pauline arg bedrängt, die wie so oft versuchte, die Gouvernante in die Wade zu zwicken oder zumindest in den Schuh. Die Mademoiselle schimpfte wie ein Rohrspatz, aber Pauline ließ das ziemlich kalt. Sie schnappte nach Mademoiselles Rocksaum, und die Mademoiselle trat nach Pauline. Erst als sie Hannah und Jakob sah, richtete sie sich auf, straffte die Schultern und näselte mit ihrem französischen Akzent: „Schabbes beginnt. Warum seid ihr noch nischt im Speisezimmer?"

„Wir suchen Ludwig. Papa hat uns das aufgetragen!", rief Hannah, schnappte Pauline und klemmte sich den dicken Mops unter den Arm. Hannah und Jakob ließen die Mademoiselle etwas verdutzt zurück und setzten ihre Suche fort.

Doch weder die Köchin noch der Hausdiener Karl noch das Küchenmädchen hatten den neuen Hausgast gesehen. Irgendwann gaben die beiden auf und gingen ins Speisezimmer zurück, wo zu ihrem Erstaunen Ludwig bereits an seinem Platz saß. Aller Augen richteten sich auf sie.

„Ich dachte schon, ihr kommt gar nicht mehr ...", brummelte Herr Goldfarb.

„Wo warst du denn, Ludwig? Wir haben dich überall gesucht!", entfuhr es Hannah, wofür sie einen strafenden Blick von der Mademoiselle empfing.

Ludwig entgegnete: „Ich musste noch die Fenster schließen in meinem Zimmer. Wegen des Regens ..."

„Also, das glaube ich ihm jetzt aber nicht!", zischte Hannah Jakob ins Ohr, während sie an den Tisch traten.

„Wieso?"

„Ich sehe was, was du nicht siehst", flötete Hannah fröhlich.

? *Warum glaubt Hannah Ludwig nicht?*

Die Geheim-
botschaft

So, so. Erst der Diebstahl, dann das verdäch-
tige Benehmen Ludwigs. Es gingen wirklich seltsame
Dinge vor im Hause Goldfarb! War wohl doch Zeit,
die detektivische Arbeit in Angriff zu nehmen, dachte
Hannah grimmig, bevor sie ihren Kopf neigte und sich
auf die Sprüche 31 konzentrierte, die ihr Vater aus der
Thora vorlas.

Doch bereits als Herr Goldfarb die Lobpreisung für
die Hausfrau sprach, wanderten Hannahs Gedanken
wieder zu dem mysteriösen Einbruch. Und als sie die
Hand ihres Vaters warm und weich auf ihrem Kopf
fühlte, während er den Segen für die Kinder sprach,
schämte sie sich ein wenig, dass sie sich so gar nicht
auf das wichtige Ritual konzentrieren konnte.

Jakob folgte den Männern zu den silbernen Wasser-
schüsseln, die bereitstanden, und übergoss wie sie
beide Hände dreimal mit dem Wasser.

„Baruch ata adonai", hörte Hannah die kräftige
Stimme ihres Vaters, wartete, bis die Männer wieder um den Tisch versammelt waren, und nahm die
kostbare Decke von den Schabbesbroten. Es war eine

große Ehre für sie, das Salz über die Brote streuen, die Challot mit beiden Händen hochnehmen und den Segensspruch sagen zu dürfen. Also schalt sie sich selbst eine dumme Gans, die nur an Detektive und Einbrecher dachte, während hier bei Tisch viel wichtigere Dinge anstanden, und siehe da – es wirkte! Mit klarer Stimme sprach sie den Segensspruch: „Melech haolam hamotzi lechem min haaretz."

Ein einvernehmliches „Amen" aller am Tisch Versammelten folgte und gleich darauf wünschte man sich fröhlich „Schabbat Schalom!".

Hannah sank erleichtert auf ihren Stuhl. Zum Glück hatte sie den Segensspruch richtig gesprochen und konnte sich nun getrost wieder anderen Gedanken widmen.

Sie schielte zu Jakob, dessen Augen vor Vorfreude auf das Festmahl funkelten und all die Speisen, die aufgetragen waren, schier verschlingen wollten. Einbrecher, Detektive und verschollene Notizen waren für ihn offenbar zweitrangig, wenn gefillter Fisch, Hühnersuppe mit Matzenklößchen, gebratene Gans mit fruchtiger Füllung, Bratkartoffeln und Soße bereitstanden und unglaublich verführerische Düfte verbreiteten.

„Hannah! Deinen Teller, bitte ...", drängte Frau Goldfarb.

Hannah schreckte hoch und reichte ihrer Mutter den Teller. Gleich darauf stieß ihr Jakob gegen das Bein und Hannah wollte eben ganz und gar undamenhaft

„Autsch" kreischen, als Jakob mit dem Kopf verhalten zu Heinrich deutete. Was meinte Jakob? Hannah lenkte ihre Aufmerksamkeit wieder der Familie und den Gästen bei Tisch zu. Der Professor erklärte gerade den Unterschied zwischen seiner Allgemeinen und seiner Speziellen Relativitätstheorie, und alle lauschten ergeben. Und in den Augen aller war zu lesen, dass sie zwar mit Hingabe die Worte des Professors aufnahmen, aber nicht im Geringsten verstanden, worum es ging. So in etwa sah Pauline aus, wenn Hannah mit ihr über Rocksäume sprach und ihr zu erklären versuchte, dass man diese im Allgemeinen und ganz im Speziellen jene der Mademoiselle nicht zerbeißen durfte. Weil das dann relativ viel Ärger mit sich brachte.

Nun ja, bemerkte Hannah jetzt, nicht alle sahen aus wie Pauline während einer Standpauke. Heinrich und Ludwig lauschten angespannt und schienen ansatzweise zu verstehen, was der Professor meinte. War es das, worauf Jakob sie aufmerksam machen wollte?

„Aber damit wird der große Newton widerlegt!", widersprach Heinrich eben.

„Nein, die Theorien des Professors widerlegen Newton nicht, sie relativieren ihn ...", murmelte Ludwig schüchtern.

Der Professor lachte auf: „Gut ausgedrückt!"

„Aber es gibt Zweifler und Skeptiker, nicht wahr?", hakte Ludwig, durch den Zuspruch des Professors mutiger geworden, nach.

„Ja, die gibt es", antwortete der Professor, und seine Stirn legte sich dabei in Falten.

„Wer sollte an dir zweifeln?", entfuhr es Herrn Goldfarb. Er war sichtlich empört und nahm einen großen Schluck vom Wein.

„Nun, erst vor wenigen Tagen gab es eine Veranstaltung der Arbeitsgemeinschaft deutscher Naturforscher zur Erhaltung reiner Wissenschaft. Ich bin dort gewesen. Und es sind nicht wenige Physiker und andere Wissenschaftler, die glauben, durch meine Theorien würde die Ordnung der Welt, wie wir sie kennen, durcheinandergebracht", erklärte Professor Einstein.

„Kolossaler Unfug!", schimpfte Herr Goldfarb und

empfing einen strengen Blick von seiner Frau, die derartige Kraftausdrücke nicht an ihrem Tisch hören wollte. Aber Herr Goldfarb war in Rage geraten und Ludwig pflichtete ihm bei: „Ja, leider verstehen nicht alle Wissenschaftler, mit den neuen Erkenntnissen umzugehen."

„Ich habe gelesen, die Ansichten Professor Einsteins wären nichts anderes als wissenschaftlicher Dada-ismus ...", warf Heinrich ein und spielte dabei mit seinem Weinglas, das er auf dem Tischtuch hin und her rückte.

„Also, ich muss schon sehr bitten!", rief Herr Gold-farb aus, zog eine Augenbraue hoch und sagte an Heinrich gewandt: „So etwas will ich in meinem Haus nicht hören!"

Heinrich wurde schlagartig rot im Gesicht, aber der Professor sagte be-schwichtigend: „Kein Grund, sich auf-zuregen, lieber Goldfarb. Heinrich gibt doch nur wieder, was so man-cher angesehene Wissenschaftler sagt."

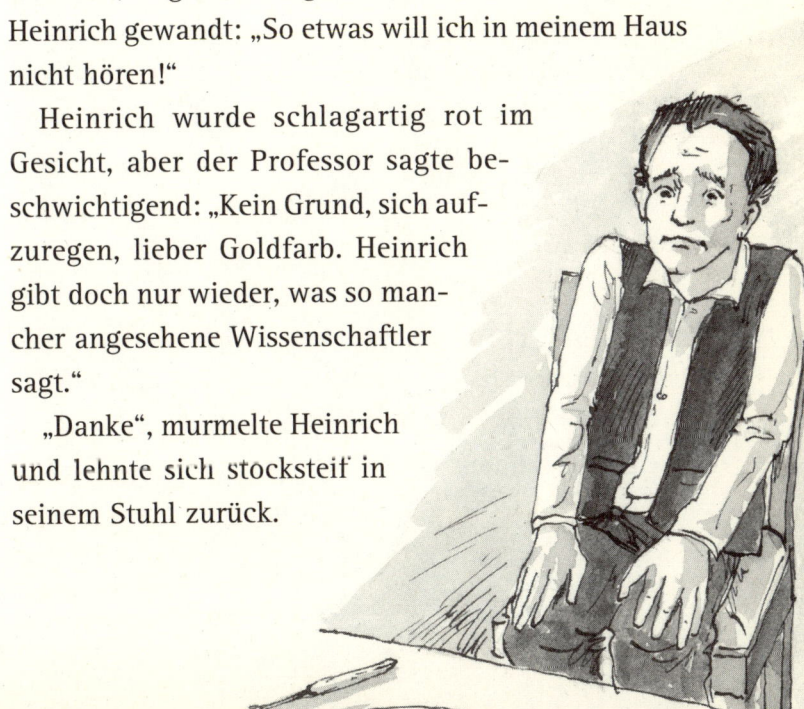

„Danke", murmelte Heinrich und lehnte sich stocksteif in seinem Stuhl zurück.

„Nein, mich beunruhigt das. Und dann noch deine Geige und die gestohlenen Notizen!" Herr Goldfarb schüttelte den Kopf. Die Ordnung seiner Welt schien arg durcheinandergebracht und Frau Goldfarb sah sich veranlasst, dem einsetzenden Chaos an ihrem Tisch entgegenzuwirken. Also klingelte sie nach Jette, um Obstsalat und Kompott aus Trockenfrüchten auftragen zu lassen.

„Ja, meine Geige. Daran mag ich gar nicht denken", flüsterte der Professor bedrückt und Elsa Einstein fügte hinzu: „Die Geige ist wie ein Kind für ihn."

„Welcher Art waren denn die Notizen?", fragte Ludwig.

Der Professor, vom Verlust der Geige abgelenkt, richtete sich etwas auf und erklärte: „Nun, es waren Grundgedanken für eine neue Theorie. Enorm wichtig, wie mir scheint. Ich hoffe, die Notizen finden sich wieder. Es wäre ein arger Verlust!"

Herrn Goldfarbs Stirn umwölkte sich erneut bei dem Gedanken an den fatalen Einbruch. Jette kam genau zur rechten Zeit mit den Nachspeisen und erst als der Professor mit dem Kompott vor sich wieder fröhlicher aussah, konnte sich auch Herr Goldfarb etwas entspannen.

Hannah lauschte in die Dunkelheit. Die große Standuhr schlug elf Mal. Ja, jetzt waren wohl wirklich alle in
den Federn. Flink schlüpfte sie aus ihrem Bett und in
ihren Morgenmantel und stahl sich auf leisen Sohlen
aus ihrem Zimmer. Es war Zeit für eine Einsatzbe-
sprechung mit Jakob. Der Professor brauchte seine
kolossal wichtigen Notizen wieder!

Hannah wollte eben um die Ecke des Korridors biegen, als sie zwei aufgeregt flüsternde Stimmen hörte.
Sie zuckte zusammen und drückte sich an die Wand-
vertäfelung. Wer war denn da noch wach? Neugierig

spitzte sie ihre Ohren. Das waren Jette und die Mademoiselle! Und sie schienen eindeutig in einen Streit verwickelt.

„Isch weiß genau, was Sie treiben! Nehmen Sie sisch in Acht!" Das war die Stimme der Mademoiselle.

Gleich darauf folgte ein empörtes Nasenschnauben, das wohl von Jette kam. Dann stapften Schritte die Treppe hinab und zwei Türen wurden geöffnet und geschlossen.

Hannah atmete auf, lauschte noch einmal und huschte dann weiter. Nanu? Was war denn das? Ihr Blick fiel auf einen Zettel, der dort lag, wo eben noch Jette und die Mademoiselle gestanden hatten. Hannah hob den Zettel auf, warf einen Blick darauf, keuchte überrascht auf und schlüpfte in Jakobs Zimmer.

„Wird Zeit, dass wir mit unserer Detektivarbeit beginnen. Sieh mal, was ich eben gefunden habe: eine Geheimbotschaft!"

Jakob war mit einem Satz aus seinem Bett.

„Und was steht darin?"

„Weiß ich noch nicht. Ist ja eine Geheimbotschaft. Komm, hilf mir!"

NEHCORPSEB EJW

RHU 71

SUAHROMRAM

EHÄN GAJNNOS

SNU NEFFERT

? Was steht auf dem Zettel?

Holzauge, sei wachsam!

„Treffen uns Sonntag Nähe Marmorhaus 17 Uhr wie besprochen." Hannah las den Text wieder und wieder, während sie den Zettel unter die kleine Nachttischlampe hielt.

„Psst. Wir dürfen nicht zu laut sein", mahnte Jakob und begann, leise in seinem Zimmer auf und ab zu gehen. „Weißt du, ich bin mir ganz sicher, dass diese Botschaft mit dem Diebstahl zu tun hat. Den angeblichen Einbruch hat jemand aus dem Haus begangen. Das steht fest. Und dieser Jemand hat den Leuchter gestohlen und die Geigen und mit Professor Einsteins Geige auch noch seine enorm wichtigen Notizen. Und ..."

Weiter kam Jakob nicht. Hannah richtete sich auf und kam langsam auf ihn zu, während sie beinahe atemlos sagte: „Und der Dieb hat einen Komplizen. Das meinst du doch, oder?"

„Ganz genau. Unser Dieb hat einen Komplizen. Einen Komplizen, mit dem er sich am Sonntag treffen will, so viel steht fest. Aber sonst sind leider noch jede Menge Fragen offen."

Hannah nickte zustimmend. „Erstens: Wie kam die Botschaft ins Haus? Vielleicht ist der Komplize auch ein Hausbewohner, und es war für die beiden nicht möglich, sich untereinander abzusprechen. Schließlich haben wir Schabbes, und da ist zu viel los. Da hat man fast keine ruhige Minute. Und zweitens ..."

Hier stockte Hannah. Sie konnte nicht aussprechen, was ihr auf der Zunge lag. Sie sah zu Jakob, der leise seufzte, ehe er sagte: „Zweitens: Für wen war die Botschaft bestimmt? Für die Mademoiselle oder ... oder ... für Jette."

Jetzt war es raus. Jetzt hatte Jakob gesagt, was ihnen beiden nicht schmecken wollte. Jette eine Diebin? Eine Einbrecherin? Eine ganz gemeine, hinterhältige Person, die sich morgen mit einem Komplizen treffen würde? Nein! Auf keinen Fall! Jette gehörte quasi zur Familie. Jette, die im Telegrammstil sprach und so schön berlinern konnte. Jette, die sich von der

Mademoiselle nichts bieten ließ. Jette, die immer zu ihnen stand, egal, welchen Unsinn sie gerade angestellt hatten.

Hannahs Gedanken überschlugen sich förmlich, und leichte Panik stieg in ihr auf. Sie wollte einfach nicht, dass Jette die Diebin war. Aber es war nun einmal eine Möglichkeit und sie mussten sich damit abfinden.

„Am Sonntag wissen wir ja mehr ...", sagte Jakob. Seine Stimme war nur ein Flüstern in das Halbdunkel.

„Ja, hoffentlich."

Eigentlich liebten Hannah und Jakob die müßigen Schabbes-Tage, doch diesmal zogen sich die Stunden wie Jettes Grießbrei, den sie einmal gekocht hatte, als die Köchin mit Grippe im Bett lag. Der Brei hatte sich wirklich enorm gezogen. Und so war es eben auch

an diesem Schabbes. Der Vormittag in der Synagoge wollte und wollte nicht enden und selbst der Kiddusch konnte Jakob nicht wirklich ablenken. Normalerweise stürzte er sich mit Heißhunger auf die gekochten Eier und die eingelegten Heringe. Heute knabberte er nur nachdenklich an Salatblättern herum und zog damit den Argwohn seiner Mutter auf sich, die ihm sogar die Hand an die Stirn legte, um zu überprüfen, ob er etwa Fieber hatte.

„Wir dürfen nicht auffallen! Benimm dich endlich normal, und stopf alles in dich hinein", zischte Hannah, und Jakob fügte sich nicht unwillig in seine Rolle und griff mit Appetit nach Fleisch, Aufschnitt und Schabbesbrot. War schließlich für einen guten Zweck.

Um nicht noch einmal aufzufallen, spachtelte er dann nach dem Spaziergang zwei Teller vom Tscholent in sich hinein, was sowohl Hannah als auch Frau Goldfarb mit Wohlwollen bemerkten. Wenn auch aus unterschiedlichen Gründen.

Aber obwohl es ihm dann doch noch schmeckte, konnte Jakob nicht verhehlen, dass er innerlich aufatmete, als sich die Familie am Samstagabend zum Hawdala, zur Verabschiedung des Schabbes, versammelte. Während sein Vater den Segen sprach, kreisten Jakobs Gedanken um den morgigen Tag.

Morgen würden sie den Dieb finden. Morgen würden sie den Komplizen aufdecken und damit auch den gesamten Einbruch. Oder?

Es war nicht leicht gewesen, aber sie hatten es geschafft. Sie waren unterwegs zum Marmorhaus mitten in Berlin!

Frau Goldfarb war wie jeden Sonntag damit beschäftigt, ihren Haushalt nach dem Schabbes wieder in Schwung zu bringen und mit der Köchin die Speisen für die nächste Woche zu besprechen. Papa Goldfarb war in seinem Club, Jette und Karl hatten als Christen am Sonntag frei und auch die Mademoiselle und Hauslehrer Timmelmann waren ausgegangen. Hannah und Jakob hatten damit freie Bahn.

„Jetzt geht es also auf Verbrecherjagd", dachte Hannah. Ein wohliger Schauer rieselte ihr über den Rücken, während sie hinter Jakob in die Trambahn kletterte. Freie Plätze gab es keine mehr, also quetschte sie sich mit Jakob dicht an den Ausgang, zwischen eine Dame mit einem überdimensionalen Hut auf dem Kopf und einen Herrn im Gehrock.

Als der Schaffner vorbeikam, lösten sie ihre Karten, die sie vom geschenkten Geld von Oma bezahlten. Der Schaffner murmelte etwas über Hunde, die eigentlich gar nicht mit der Tram fahren dürften. Hannah guckte unschuldig, Pauline hechelte und der Schaffner sah ein, dass er die Kinder samt Mops während der Fahrt nicht aus der Bahn bugsieren konnte, und gab sich geschlagen.

Den Rest der Fahrt über kämpfte Hannah mit dem Hut der Dame neben ihr, dessen unglaublich lange Federn sich in ihren Haaren verfangen hatten, Pauline quiekte vorwurfsvoll, als ihr der Mann im Gehrock auf das Hinterteil trat, und endlich rief der Schaffner „Kurfürstendamm!" quer durch die Bahn.

Jakob und Hannah sprangen auf die Straße und liefen zum Kino Marmorhaus.

Menschen drängten sich vor dem Kassenhäuschen, und auf den Gehwegen flanierten die Ausflügler. Blu-

menfrauen, Zeitungsjungen, Schuhputzer, Spaziergänger – alles lachte und schwatzte durcheinander, und es war fast unmöglich, den Überblick zu behalten. Dazu kam der Lärm der Straße. Zweistöckige Autobusse, Trambahnen und Autos drängten, hupten und schoben sich vorwärts. Jakob wurde zum ersten Mal etwas mulmig.

„Wie sollen wir hier nur jemanden finden?", rief er in leichter Verzweiflung.

„‚Holzauge, sei wachsam!' ist unser Motto. Hoffen wir also das Beste", antwortete Hannah niedergeschlagen.

Pauline zerrte an der Leine. Sie hatte den Süßigkeitenstand mit Lakritze ausgemacht und war nicht mehr zu bändigen. Sie winselte und hechelte, zog an der Leine und begann zu kläffen.

„Auch das noch!", seufzte Hannah, sah aber ein, dass der Kauf von Lakritze unumgänglich war. Pauline war geradezu süchtig nach Lakritze, sie würde sonst noch in Ohnmacht fallen. Und das war mit Sicherheit nicht förderlich bei detektivischer Arbeit. Also ließen sie sich von Pauline zum Süßigkeitenstand ziehen.

Noch mehr von Omas Geld wechselte den Besitzer, und Pauline freute sich so sehr, dass sie nun vor Freude beinahe in Ohnmacht fiel, während sie die Lakritze verschlang. Hannah fummelte in der rosafarbenen Tüte mit der aufgedruckten schwarzen Katze und versuchte dabei, das Marmorhaus im Auge zu behalten.

Immer mehr Besucher stellten sich in die Reihe vor dem Kassenhäuschen.

„*Das Cabinett des Dr. Caligari* – das soll ein ganz grusliger Film sein. Sagt Papa zumindest. Ob sich die

beiden im Kino treffen? Oder davor? Was meinst du?",
plapperte Jakob gedankenverloren vor sich hin.

Hannah antwortete nicht. Sie starrte zum Eingang
des Kinos. Sie sah etwas, das sie nicht sehen wollte,
aber trotzdem sah. Jakob folgte ihrem Blick mit seinen
Augen. Sein Atem stockte. Da stand Jette! Ja, ganz
klar – es war Jette!

„Oh nein!", flüsterte er entsetzt.

„Leider doch."

„Und ... und wer ist da neben ihr? Das ist doch einer
der Hausstudenten! Ja klar – Heinrich oder Ludwig.
Wer ist es? So ein Aschpe, die beiden sind von hinten
wirklich überhaupt nicht auseinanderzuhalten!"

Hannah und Jakob drängten sich näher an das Kino
und versuchten dabei gleichzeitig, in der Menge unter-
zutauchen. Sie durften auf keinen Fall entdeckt werden! Hannah zog Jakob hinter eine Litfaßsäule. Hier
hatten sie einen wunderbaren Beobachtungsposten.
Doch sie hatten zu lange gebraucht. Sie sahen gerade
noch, wie Jette und der junge Mann Karten lösten und
in dem Kino verschwanden.

„Wer war das?! Sollen wir warten, bis die Vorstellung
zu Ende ist?"

„Das ist nicht nötig", antwortete Hannah. „Ich weiß,
wer mit Jette ins Kino gegangen ist!"

? *Was ist Hannah aufgefallen, und wer ist Jettes*
Begleiter?

Auf der Lauer

„Also stecken Jette und Ludwig unter einer Decke. Das ist ... das ist ganz furchtbar", murmelte Hannah traurig.

„Warte mal – vielleicht gibt es doch noch Hoffnung?" Jakobs Augen funkelten. „Wir haben Jette und Ludwig gesehen. Meinetwegen. Aber wo war das Diebesgut? Also, ich konnte keinen Geigenkasten erkennen. Und erst recht nicht zwei davon. Was, wenn Jette und Ludwig nur zufällig auch hier waren?"

„Nun, dann haben wir als Detektive gerade gründlich versagt."

„Wieso das denn?"

„Wir haben uns so sehr auf Jette und ihren Begleiter konzentriert, dass wir den richtigen Dieb und seinen Komplizen nicht bemerkt haben. Und außerdem besteht immer noch die Möglichkeit, dass Jette und Ludwig doch die Diebe sind und wir irgendetwas übersehen haben ..."

„Kein Wunder bei dem Trubel hier ...", seufzte Jakob. „Und länger bleiben können wir auch nicht. Wenn Mama herausbekommt, wo wir waren, setzt es ein Donnerwetter, dass uns die Ohren abfallen. Besser, wir fahren nach Hause, bevor sie etwas bemerkt."

Hannah nickte, nahm noch ein Lakritz und knabberte gedankenverloren darauf herum. Was Pauline beinahe in den Wahnsinn trieb. Sie betrachtete das Stück Lakritz glasklar als ihres und sprang, um ihren Protest zu bekunden, hechelnd an Hannah hoch.

„Wir haben vielleicht noch eine Möglichkeit, die Diebe doch zu stellen ...", sagte Hannah zögernd, während sie die Lakritze Pauline zukommen ließ. „Wir müssen uns nur zu Hause auf die Lauer legen. Wer jetzt zu Hause ist, hat wohl mit dem Einbruch nichts zu tun. Wer aber später kommt ..."

„... der könnte auch der Dieb sein", sprach Jakob Hannahs Ausführungen zu Ende.

„Und deshalb sollten wir schnellstens nach Hause fahren!"

„Wenn doch hoffentlich Jette nichts damit zu tun hat!", seufzte Hannah aus tiefster Seele, als sie mit Pauline auf dem Arm aus der Bahn kletterte.

Diese Hoffnung beschäftigte sie auch den Rest des Heimwegs über. Stumm gingen sie nebeneinanderher, bis sie zu Hause waren.

„Gleich können wir den Kreis der Verdächtigen enorm einschränken!", flüsterte Jakob, während sie ins Haus stürmten.

Doch das war leider ein Trugschluss. Zu ihrer Enttäuschung waren nicht nur Jette und Ludwig ausgeflogen, sondern auch die Köchin, der Diener und sogar das Küchenmädchen!

Aus dem oberen Stockwerk drangen getragene Klänge eines Orchesters, dazu die Stimme einer Sängerin, der offenbar Schlimmes widerfuhr. Zumindest ihrem Gesang nach zu urteilen.

„Nun wissen wir, dass Mama zu Hause ist. Sie hat ihr Grammofon angeworfen."

„Was uns wirklich einen großen Schritt nach vorne bringt", sagte Hannah und knuffte ihren Bruder. „Weil Mama ja auch die Tatverdächtige Nummer eins ist, du Stoffel!"

„Na ja, wer weiß? Vielleicht mag sie unsere Hausmusik nicht", grinste Jakob.

Hannah ging nicht weiter auf Jakob ein, da sie einen Plan gefasst hatte: „Wir sollten uns auf die Lauer legen. Beobachten, wer wann nach Hause kommt, und uns alles notieren. Und vielleicht entdecken wir dabei auch etwas Verdächtiges."

„Am besten, wir verstecken uns im Garten direkt unter den Linden. Da haben wir das Haus gut im Blick", antwortete Jakob.

Leise, um ihre Mutter nicht auf sich aufmerksam zu machen, schlichen sie wieder nach draußen und verbargen sich hinter den dicken Stämmen der Linden direkt neben dem Haus.

„Du behältst den Dienstboteneingang im Auge. Ich nehme mir den Haupteingang vor – einverstanden?", flüsterte Jakob, und Hannah nickte, während sie sich noch enger an den Stamm der alten Linde drückte.

„Ich werde noch meschugge vor Spannung", murmelte sie und hoffte inständig, demnächst einen Hinweis darauf zu finden, dass Jette unschuldig war.

Allerdings ließ die Spannung nach einer guten Stunde enorm nach. Die goldene Herbstsonne versank langsam hinter den Bäumen, die Schatten wurden länger, im Haus gingen einige Lichter an und leichter Wind kam auf.

„Wo treiben sich denn nur alle herum?", fragte Hannah etwas verzweifelt und rieb sich fröstelnd die Hände.

Sie war sich nicht ganz sicher, woher das Schaudern kam, das sie mittlerweile befiel. War es nur die einsetzende Kälte, oder waren es auch die Schatten der knorrigen alten Bäume? Das Knacken aus dem Unterholz weiter hinten im Garten und die beginnende Dunkelheit, die sich wie eine samtene schwarze Decke um sie legte? Sie wusste es nicht, bemerkte aber, dass sich Jakob enger an sie drückte.

„Wird kalt", murmelte er.

„Psst. Da hinten. Sieh doch mal!", zischte Hannah und deutete auf die Waschküche, die in einem kleinen Gebäude im Garten untergebracht war.

Jakob sah in die angedeutete Richtung. Hannah hat-

te recht! Da schlich jemand herum! Hastete zur Waschküche. Ein Schlüssel wurde herumgedreht und die
schemenhafte Gestalt verschwand in der Waschküche.

„Wer ist das?" Jakob versuchte, so leise wie möglich
zu sprechen. Aber ihm war, als würden seine Worte
quer durch den Garten bis in die Innenstadt hallen.

Hannah gab keine Antwort. Sie starrte nur auf die
Waschküche.

Die Tür öffnete sich wieder, die dunkle Gestalt
schlüpfte in die Finsternis zurück, tauchte in ihr unter
und verschwand blitzschnell durch den Dienstboteneingang ins Haus.

„Sehr verdächtig! Was will denn jemand sonntags
in der Waschküche? Und wer war das nur? Irgendwie
sah es so aus, als hätte dieser Jemand ein Kleid getragen, oder?", platzte Jakob heraus. „Wie dumm, dass
wir nichts Genaueres erkennen konnten ..."

„Und das ist noch nicht das Schlimmste!" Hannah

deutete zur Auffahrt vor dem Haus. Sie konnten nicht erkennen, wer da kam, aber es waren mehrere Leute, die mit großen Schritten auf den Eingang zuhielten.

„So ein Schlamassel! Jetzt kommen sie plötzlich in Rudeln ins Haus! Da finden wir nie heraus, wer das eben war!"

„Wir müssen sofort hinein!"

Jakob zog Hannah mit sich zum Dienstboteneingang, und beide konnten nicht verhehlen, dass sie froh waren, in das warme Haus huschen zu können. Bevor sie herausfinden konnten, wer gerade in der Waschküche gewesen war, stießen sie in der Eingangshalle auch schon auf die Mademoiselle und Papa Goldfarb, die eben zusammen ins Haus kamen.

„Nanu? Was macht ihr 'ier? Wart ihr etwa draußen? Warum spielt ihr nischt in euren Zimmern?", war denn auch gleich die spitze Frage der Mademoiselle, unterstrichen von einem Hochziehen der Augenbrauen.

Hannah umarmte ihren Vater, knickste vor der Mademoiselle und haspelte eilig hervor: „Ach, wir wollten nur Blätter sammeln. Ist aber schon zu dunkel dafür."

Und ehe die Mademoiselle weitere peinliche Fragen stellen konnte, sauste Hannah hinter Jakob die Treppe hoch.

„Und jetzt?", keuchte sie und lehnte sich im Gang an die Wand.

„Keine Ahnung. Ich bilde mir ein, ich hätte aus dem Dienstbotentrakt die Stimmen der Köchin und des Küchenmädchens gehört. Aber sicher bin ich nicht. Da sind so viele Leute gleichzeitig ins Haus gekommen! So was Blödes!"

„Dann müssen wir eben die Waschküche durchsuchen. Vielleicht findet sich dort etwas, das uns weiterbringt."

Die Idee war gut, hatte aber einen Haken: den Schlüssel.

„Nur Mama hat einen Schlüssel. Und Jette ...", sagte Hannah etwas verzagt. Egal, was sie unternahmen, egal, welche Spur sie verfolgten, irgendwie war immer Jette daran beteiligt.

„Was macht ihr denn hier?"

Frau Goldfarb trat ausgerechnet in diesem Augenblick aus ihrem Zimmer und wunderte sich stirnrunzelnd über ihre Kinder, die sich im Flur herumdrückten.

Jakob sah größere Schwierigkeiten durch genaue Befragung auf sich und Hannah zukommen, lief zu seiner Mutter, drückte sie und plapperte einfach drauflos: „Ach, wir wissen nicht, in welchem Zimmer wir spielen sollen. Bei Hannah oder bei mir oder doch ..."

„Ah ja ... Aber ich muss mich darum kümmern, dass das Abendessen auf den Tisch kommt ...", war Frau Goldfarbs etwas zerstreute Antwort. Wenn sie eines nicht mochte, dann war es Geplapper über unnötige Gedankengänge, die doch nur verwirrten, und so hauchte sie Jakob einen Kuss auf die Stirn und rauschte die Treppen hinab.

Ein verschmitztes Lächeln trat auf die Gesichter der Zwillinge. Der Weg zum Schlüssel war frei. Hannah huschte in Mamas Zimmer, während Jakob Schmiere stand, und wenige Minuten später kam Hannah mit dem Schlüsselbund wieder, den sie in den Tiefen der Haushaltsschublade aufgetan hatte.

„Ab zur Waschküche!", juchzte Jakob.

Seine Freude wurde allerdings wieder gedämpft, als sie wenig später vor der Tür der Waschküche standen und verzweifelt den enormen Schlüsselbund betrachteten. Welcher von den vielen Schlüsseln war der Richtige?

Welcher Schlüssel passt ins Schloss der Waschküche?

57

Verdächtigungen

Sie kamen zwar in die Waschküche, aber dann auch keinen sinnvollen Schritt mehr weiter. Es war schlicht zu dunkel. Einige schmerzhafte Begegnungen mit Wannen, Waschkesseln und Bottichen später gaben sie schließlich auf. Es war wohl besser, die Waschküche bei Tageslicht zu durchsuchen.

Und so kam es, dass die Zwillinge am nächsten Morgen gleich nach dem Frühstück in Richtung Waschküche liefen. Ihr Plan wurde jedoch beinahe von Hauslehrer Timmelmann durchkreuzt, der gerade auf dem Weg ins Studierzimmer war und dummerweise befand, dass Hannah und Jakob am Unterricht teilnehmen müssten, damit es auch Unterricht war.

„Ansonsten führe ich ja Selbstgespräche über Dinge, die ich schon weiß ...", fügte Herr Timmelmann etwas irritiert hinzu.

„Wir kommen sofort! Aber ..."

„... aber wir müssen noch einen Auftrag erledigen!", kam Jakob Hannah zu Hilfe.

Das war vage genug, um nicht als Lüge zu gelten. Herr Timmelmann runzelte die Stirn und wollte mit weiteren Fragen das Undurchsichtige an dieser

Aussage durchdringen, kam aber nur zu einem: „Und für wen?", da sausten die Zwillinge schon die Treppe hinab.

Jakob drehte sich am Absatz kurz um und rief: „Für die Familie!"

Auch das war nicht gelogen. Und es verwirrte Herrn Timmelmann so sehr, dass er verdutzt den Mund offen stehen ließ, ohne eine weitere Frage daraus entweichen zu lassen.

„Ein Glück!", dachte Jakob und drängte hinter Hannah in den Garten hinaus.

Da die Waschküche um diese Zeit am frühen Morgen nicht mehr verschlossen war, hatten sie sich auch nicht mehr um den Schlüssel sorgen müssen, und so stürmten sie die Waschküche ohne Mühe.

Ein erschrockenes „Aaah!" empfing sie, und Hannah antwortete mit einem spitzen Schrei ähnlicher Art.

Da stand Jette! Mitten in einem Berg von Wäsche direkt am Bottich. Und in der Hand hielt sie den gestohlenen Schabbesleuchter! Den sie nun prompt auch noch zu Boden fallen ließ. Der Leuchter kam mit einem lauten metallischen Scheppern auf und lag nun zwischen ihnen wie ein unüberwindbares Hindernis.

„Jette ...", flüsterte Hannah, brachte aber nicht mehr heraus. Jakob starrte nur auf den Schabbesleuchter.

„Den ... den habe ich eben hier gefunden ...", versuchte Jette mit zittriger Stimme zu erklären und blickte dabei auf den Leuchter, als wäre er ein Gespenst.

„Das müssen wir Papa erzählen", murmelte Jakob und klang nicht gerade glücklich dabei.

Jette nickte und Hannah war den Tränen nahe. Nun war Jette also doch die Diebin. Oder?

„Ich komme mit", sagte Jette, und ihre Stimme klang schon wieder fester. In ihren Augen funkelte Entschlossenheit, und mit ebensolcher trat sie einen Schritt nach vorne, stieß mit ihren Stiefeln dabei auf etwas Festes und hielt inne. Sie bückte sich, wühlte in der Wäsche und zog einen Geigenkasten hervor!

„Na, da brat mir doch einer einen Storch ... Ist die Geige vom Professor, oder?"

„Ist da noch mehr?" Hannah vergaß augenblicklich, dass Jette ja wahrscheinlich eine Diebin war, kniete sich neben sie und begann ebenfalls, in der Wäsche zu wühlen. Nur wenige Sekunden später hielt sie eine weitere Geige in ihren Händen. Jakobs Geige.

„Na, dann auf zu Papa. Mal hören, was der dazu sagt ...", murmelte Hannah.

Herr Goldfarb sagte erst einmal gar nichts. Er saß am Schreibtisch in seinem Büro und lauschte der abenteuerlichen Geschichte seiner Kinder.

„Und alles ist wieder da?", hakte er schließlich nach, als eine kleine Pause eintrat.

„Na ja, nicht alles. Wir haben schon in den Geigenkasten geguckt. Die Notizen von Professor Einstein sind verschwunden. Und das beweist, dass es dem Dieb oder der Diebin oder den Dieben nur darum ging!", sagte Jakob.

Papa Goldfarb grübelte wieder und sah die beiden dann scharf an.

„Also mir beweist das nur eines: Ihr zwei habt euch einen üblen Scherz erlaubt!"

„Aber Papa ..." Hannah sah ungläubig zu ihrem Vater, der aber brachte sie mit einer knappen Handbewegung zum Schweigen.

„Ich weiß doch, dass ihr die Hausmusik so gar nicht leiden mögt. Was liegt also näher, als die Geigen verschwinden zu lassen?"

„Aber wir würden doch nie ein Fenster einschlagen!"

Herr Goldfarb sah Hannah scharf in die Augen und kam offensichtlich zu dem Schluss, seinen Kindern doch glauben zu müssen.

„Nun gut, dann werde ich die Polizei informieren. Schon wieder. Aber ich weigere mich zu glauben, dass unsere Jette mit dem Diebstahl zu tun hat. Und jetzt kümmere ich mich um meine Geschäfte. Sonst gibt's für Diebe demnächst nämlich nichts mehr zu rauben in diesem Haus ... Und sagt mal, habt ihr nicht eigentlich Unterricht?"

Hannah und Jakob beeilten sich, das Büro zu verlassen. Jette folgte ihnen und stapfte die Treppen hinab in die Küche.

Jakob sah geknickt zu Hannah. „Glaubst du, dass Jette wirklich eine Diebin ist?"

„Lass uns doch noch mal mit ihr sprechen", schlug Hannah vor und Jakob musste dazu nicht überredet werden. Er stürmte mit ihr die Treppen hinab in die Fleischküche.

Wieder polterten sie in einen Raum. Und wieder stand da Jette, die sich fürchterlich erschrak. Sie rührte gerade in einem Topf, zuckte aber heftig zusammen, als die beiden so plötzlich in die Küche kamen, und ließ den Löffel platschend in die Suppe fallen.

Missmutig sah sie die Zwillinge an und brummelte: „Is' nich' schön, wenn man verdächtigt wird, oder? Und falls Fragen aufkommen: Die Köchin hat mich gebeten, hier kurz umzurühren."

Hannah wollte etwas sagen, aber ihr fiel einfach

nichts Passendes ein. Und außerdem zog Jakob an ihrem Kleiderärmel.

„Was ist denn?", fragte sie schließlich, nachdem sie Jakob in die Vorratskammer gefolgt war.

„Jette war doch sonst nie schreckhaft. Das deutet doch darauf hin, dass sie den grusligen Film gestern wirklich gesehen hat. Dass sie nicht nur am Kino war, um sich mit ihrem Komplizen zu treffen."

„Du hast recht!", jubelte Hannah und fügte hinzu: „Ludwig war mit Jette unterwegs. Herr Timmelmann besucht am Sonntag immer seine Mutter. Aber was haben die anderen gemacht? Wir haben uns so sehr auf Jette versteift, dass wir alle anderen außer Acht gelassen haben!"

„Dann wird es Zeit, das zu ändern ..."

Sie würden also die übrigen Hausbewohner befragen, wo die am Sonntagnachmittag gewesen waren. Das würde aber nicht ganz einfach werden, denn eigentlich hatten sie ja Unterricht. Also mussten sie schnell vorgehen, bevor sie von Herrn Timmelmann aufgegriffen wurden. Oder schlimmer noch, von der Mademoiselle! Aber die war zu dieser Zeit meist mit Frau Goldfarb beim Einkauf oder bei Besuchen und so hatten sie relativ freie Bahn. Offen blieb die Frage, wie sie Herrn

Timmelmann dazu bewegen konnten, nichts über den ausgefallenen Unterricht verlauten zu lassen. Nun, darum würden sie sich später kümmern. Die Diebe waren entschieden wichtiger.

Auf ihrem Streifzug durch das Haus gesellte sich Pauline zu ihnen, die sich schwanzwedelnd darüber freute, die Kinder zu dieser Tageszeit zu sehen. Ob sie wohl Stöckchenholen mit ihr spielten? Erwartungsvoll heftete sie sich an Hannahs und Jakobs Fersen und folgte den beiden in die Bibliothek.

„Nanu, was macht ihr denn hier um diese Zeit?"

Diese Frage hatten sie in den letzten Tagen nun schon ziemlich oft gehört. Diesmal wurde sie von Heinrich gestellt, der am Kamin saß, in einem Buch schmökerte und sich dazu Notizen machte.

„Ach …", war die sehr unbestimmte Antwort Hannahs, die sich an Heinrichs Seite stellte, über seine

Schultern lugte und einmal mehr erstaunt feststellte, wie schnell Heinrich mit der linken Hand schreiben konnte. Und wie seltsam er doch manche Buchstaben schrieb. Vor allem das „P", das er mit so vielen Schnörkeln versah, dass es kaum noch zu erkennen war.

„Sag mal, Heinrich, wo warst du denn gestern am späten Nachmittag? In der Stadt?", fragte Jakob so harmlos wie möglich, aber Heinrich sah trotzdem ziemlich erstaunt, um nicht zu sagen unwillig aus.

„Nein, warum? Ich geh nicht gerne aus. War noch gar nicht in der Stadt, seit ich hier bin."

Weiter kam Heinrich in seinen Erklärungen nicht. Pauline schnüffelte an seinen Hosenbeinen, kläffte aufgeregt und begann dann hechelnd, Heinrich zu drangsalieren. Sie sprang an ihm hoch, zerfetzte beinahe Hosenbeine und Buch und war nicht mehr zu bändigen.

„Merkwürdig. Es gibt eigentlich nur zwei Dinge, die Pauline dermaßen außer Rand und Band bringen. Die Rocksäume von Mademoiselle Eloise und ...", sagte Jakob.

Was meint Jakob?

Ein Erpresserbrief

„Nun befreit mich endlich von diesem Köter!", schimpfte Heinrich und versuchte verzweifelt, Pauline abzuschütteln. Die aber blieb unerbittlich, kläffte, wedelte mit dem Schwanz und tat alles, um an den Inhalt von Heinrichs Hosentaschen zu gelangen. Wilde Entschlossenheit sprach aus ihren Augen und Hannah musste sie schließlich von Heinrich wegziehen. Ein letztes „Wuff" sollte Unmut kundtun, wurde aber von Heinrich ignoriert.

„Seht nur meine Hosen an!"

Er fummelte an seinem Hosenbein, wollte weitermeckern, kam aber nicht dazu, da Jakob das Gezeter mit neuen Fragen unterbrach.

„Aber willst du uns nicht sagen, wo du gestern gewesen bist? So gegen 17 Uhr?", säuselte er und setzte dabei eine Unschuldsmiene auf, die reif für eine der Theaterbühnen am Kurfürstendamm gewesen wäre.

Heinrich wollte nicht. Er schimpfte weiter auf Pauline. Die wiederum hörte ihren Namen und schloss daraus glasklar, dass es nun endlich etwas zu naschen gäbe. Sie wand sich geschickt aus Hannahs Armen, um sich gleich darauf wieder auf Heinrich zu stürzen.

„Nehmt das blöde Vieh weg! Ja, ja – ich geb dir ja schon was von der Lakritze ..."

Heinrichs Wille war gebrochen und er zog völlig entnervt eine Tüte mit Lakritze aus der Hosentasche. Eine rosa Tüte mit dem Aufdruck einer schwarzen Katze! Hannah und Jakob warfen sich einen vielsagenden Blick zu. Sie kannten nur einen einzigen Süßigkeitenstand in Berlin, der diese Tüten hatte!

Pauline hingegen schlang die Lakritze in sich hinein, ohne sich um deren Herkunft zu kümmern.

„Bist du wirklich noch nie in der Stadt gewesen? Zum Beispiel am Kurfürstendamm?", setzte Hannah die Befragung fort.

„Oder vielleicht ..."

Weiter kam Jakob nicht, denn nun fiel Heinrich völlig aus der Rolle und zischte mit eisiger Stimme: „Schweigt, ihr seid schlimmer als der Haman!"

Hannah und Jakob hielten erschrocken inne. Warum wurde Heinrich nur so grob zu ihnen? Da half wohl nur noch ein dezenter Rückzug.

Als sie auf dem Flur standen, schielte Jakob noch einmal in die Bibliothek, um sicherzugehen, dass Heinrich ihnen nicht folgte, und keuchte verblüfft: „Sag mal – der ist ja ziemlich böse geworden!"

„Kann man wohl sagen. Und das bedeutet doch eigentlich nur, dass er lügt. Er war mit Sicherheit in der Stadt. Diese Lakritztüten gibt es nur am Kurfürstendamm. Ich frage mich, was Heinrich noch alles verbirgt."

„Das könnten wir leicht herausfinden. Wir müssten sein Zimmer lediglich einer kleinen Inspektion unterziehen ...", flötete Jakob.

„Das können wir doch nicht machen!"

„Es dient der Aufklärung eines Verbrechens."

Hannah ließ sich nur zu gerne davon überzeugen, dass die Zimmerdurchsuchung vonnöten war, klemmte Pauline etwas fester unter ihren Arm, kraulte dem hechelnden Mops die Ohren und eilte Jakob hinterher in Heinrichs Zimmer.

„Du nimmst dir den Schrank vor. Ich sehe unter dem Bett nach", schlug Jakob vor, und Hannah gab nickend ihr Einverständnis.

Sie entließ Pauline endlich aus der Umarmung und machte sich am Schrank zu schaffen. Pauline fand das neue Spiel spannend und schnüffelte neben Jakob unter dem Bett herum. Außer einigen Staubflusen war dort leider nichts zu finden. Mama Goldfarb hätte allerdings allein die Staubflusen als kapitale Beweismittel für eine gewisse Schlamperei in ihrem Haus betrachtet, dachte Jakob und konnte sich ein Kichern nicht verkneifen. Gut, dass Mama nicht unter Betten kroch.

„Was macht ihr 'ier?!"

Die Stimme der Mademoiselle kam wie das Ende der Welt über Hannah und Jakob. Unvermutet und ziemlich Furcht einflößend. In ihrem Eifer musste ihnen völlig entgangen sein, dass die Gouvernante und ihre Mutter nach Hause zurückgekehrt waren. Jakob schob sich mühsam unter dem Bett hervor, pustete Staubflusen von seiner Nase und sah Hilfe suchend zu Hannah, die erschrocken die Schranktüren zuwarf.

Mademoiselle Eloise starrte sie mit hochrotem Gesicht an und presste zwischen ihren Lippen hervor: „Abmarsch zu euren Eltern! Vite, vite!"

Hannah und Jakob folgten mit gesenkten Köpfen der Aufforderung, die keinen Zweifel zuließ: Nun würde es ein Donnerwetter ungeahnten Ausmaßes geben!

Das Donnerwetter blieb allerdings aus. Herr und Frau Goldfarb waren angesichts des genäselten Wortschwalls der Gouvernante einfach zu verwirrt.

Herr Goldfarb zwirbelte seinen geölten Schnurrbart und war sichtlich froh, hinter seinem Schreibtisch zu sitzen. So konnte ihm die Mademoiselle in ihrer Wut nicht zu nahe kommen.

Frau Goldfarb runzelte die Stirn und fragte schließlich, indem sie eine Atempause der Mademoiselle nutzte: „Sagen Sie, wo waren Sie denn eigentlich? Sollten Sie die Kinder nicht in der Zeit zwischen Unterricht und Mittagessen beaufsichtigen?"

Die Mademoiselle keuchte empört auf. „Die Kinder waren ja gar nischt beim Unterrischt! 'err Timmelmann war bereits auf der Suche nach ihnen, als isch sie abholen sollte!" Sie wollte zu einem neuen Wortschwall ansetzen, kam aber nicht weit, da sich Pauline an ihrem Rocksaum zu schaffen machte.

„Ach, diese' Köter!", schimpfte sie und versuchte, Pauline abzuschütteln.

„Pauline!" Frau Goldfarb musste nur mit der Hand auf den Flur deuten, und Pauline ließ von Mademoiselles Rocksaum ab. Fast schien sie um Verzeihung bittend zu lächeln, während sie sich nach draußen trollte.

Jakob indes trat beherzt einen Schritt nach vorne auf den Schreibtisch seines Vaters zu und sagte mit fester Stimme: „Papa, bitte glaub uns. Wir wollten nichts Unrechtes anstellen. Aber Heinrich lügt. Und wir wollten Beweise für seine Lüge finden."

„Chuzpe!", schnaubte Mademoiselle Eloise.

„Das ist keine Frechheit. Es ist die Wahrheit!", fuhr Jakob ziemlich gewagt fort. „Heinrich hat gesagt, er wäre noch nie in der Stadt gewesen. Dabei hatte er Lakritze vom Süßigkeitenstand am Kurfürstendamm in seiner Hosentasche!"

„Und was genau soll das nun beweisen?", fragte Herr Goldfarb sichtlich irritiert und fügte hinzu: „Es ist doch kein Verbrechen, Lakritze zu kaufen! Und ein Beweis für irgendetwas ist es schon dreimal nicht, wenn man Lakritze in der Hosentasche hat ..."

„Nun ja, vielleicht für eine dringend nötige Hosenwäsche ...", warf Frau Goldfarb ein, schlimmste studentische Zustände in ihrem Hause witternd.

„Meine Lieben! Was ist denn nur los bei euch? Jette sagt, es gäbe größte Verwirrung wegen des Einbruchs?"

Professor Einstein kam im rechten Augenblick ins Zimmer geschneit. Er wirbelte herein, ließ Jette und ihr verdutztes „Ich wollte Sie doch grade ankündigen" hinter sich, umarmte Frau Goldfarb und nickte

Herrn Goldfarb freundschaftlich zu, während er weitersprach: „Aber meine Geige hat sich wiedergefunden! Das ist doch ein Grund zur Freude!"

„Wie man es nimmt. Deine Notizen waren nicht im Geigenkasten", verkündete Herr Goldfarb düster.

„Hmhmhm", brummelte der Professor in sich hinein und fuhr sich durch das wirre Haar. An seinem Gesichtsausdruck war klar zu erkennen, dass ihn der Verlust der Notizen in die gleiche Verzweiflung stürzte wie Herrn Goldfarb.

„Wir müssen ihm helfen! Auch wenn uns keiner Glauben schenken will!", flüsterte Hannah Jakob ins Ohr und zog ihn mit sich aus dem Büro des Vaters hinaus. Die Erwachsenen waren eben so schön mit sich selbst beschäftigt, dass ein dezenter Rückzug mit Sicherheit nicht schaden konnte. Vielleicht vergaßen sie dann sogar das noch ausstehende Donnerwetter.

Herr und Frau Goldfarb vergaßen das Donnerwetter tatsächlich, ließen aber beim Frühstück am nächsten Morgen nicht unerwähnt, dass von nun an die Teilnahme der Kinder am Unterricht kontrolliert würde. Herr Timmelmann zeigte sich hocherfreut darüber und die Mademoiselle nickte mit steinerner Miene, um ihre Zustimmung zu bekunden.

So war es für die Zwillinge zunächst unmöglich, die detektivische Arbeit wieder aufzunehmen. Der Vormittag bei Herrn Timmelmann zog sich in die Länge, ebenso das Mittagessen, und gleich danach stand wie jeden Tag ein Spaziergang mit Mademoiselle Eloise durch den Park an.

Ziemlich ungünstig, befand Hannah und lief in ihr Zimmer, um Handschuhe und Hut zu holen. Während sie den Hut auf den Kopf setzte, fiel ihr Blick auf ihr Kopfkissen. Was lag denn da? Ein Brief? Wie merkwürdig. Hannah nahm das Papier zur Hand und begann zu lesen.

„Wo bleibst du denn? Die Mademoiselle wartet bestimmt schon auf uns!"

Jakob lugte zur Zimmertür herein. Hannah sah auf und hielt ihm mit zitternder Hand den Brief entgegen.

„Lies mal ..."

Jakob ließ sich auf das Bett sinken.

„Wer würde denn Pauline etwas antun wollen?",
fragte er mit unterdrücktem Zorn.

Hannah sah sich den Zettel noch einmal genau an.
Plötzlich zuckte sie zusammen. „Natürlich! Das kann
nur eine Person hier aus dem Haus geschrieben haben",
flüsterte sie.

> Wenn das Herumschnüffeln nicht sofort aufhört, werdet ihr eure Pauline nie wieder sehen!

? *Was ist Hannah aufgefallen?*

Entführt!

„Heinrich!"

Hannah sprach den Namen aus, als hätte sie ihn noch nie im Leben gehört. Ihre Gedanken purzelten wild durcheinander. Heinrich. Er hatte also den Erpresserbrief geschrieben. Dann war er auch der Dieb. Oder zumindest der Drahtzieher.

„Heinrich ist also unser Schurke ...", murmelte sich Jakob in Hannahs Gedanken.

Hannah starrte erneut auf den Zettel und wollte nicht fassen, was sie da lesen musste. Heinrich bedrohte sie! Schlimmer noch: Er wollte Pauline an den Kragen!

„Pauline! Wo ist sie?", entfuhr es ihr. Und nun schwappte die ganze Sorge um den geliebten Familienmops über sie. Wo war Pauline nur? War sie schon entführt worden? Oder konnten sie sie noch retten?

„Normalerweise schläft sie um diese Zeit auf dem Sofa in der Bibliothek!", rief Jakob und schoss bereits nach draußen auf den Flur. Hannah folgte ihm im Höllentempo und wirbelte mit ihm in die Bibliothek, wie von einem Sturm getragen. Jakob sauste zum Sofa – aber da schnarchte keine Pauline selig vor sich hin.

Hannah suchte mittlerweile unter dem Sofa. Man konnte ja nie wissen, was dem Mops so alles einfiel. Aber auch hier war keine Spur von ihr zu finden. Hannah wurde mit jeder Sekunde nervöser, und auf Jakobs Wangen zeigten sich erste hektische Flecken. Wo steckte der kleine dicke Hund bloß?

Ihre Suche führte sie quer durch das Haus. In den Salon und das Frühstückszimmer, das Studierzimmer und das Herrenzimmer – keine Pauline. Sie stöberten ihren Vater bei der Arbeit auf, der aber nur gedankenverloren etwas von Zahlen und Dokumenten brummelte und aufgrund augenscheinlicher Überarbeitung keiner weiteren Befragung ausgesetzt werden konnte.

Ihre Mutter war außer Haus und Diener Karl beantwortete nur kopfschüttelnd und in keinster Weise beunruhigt die Frage nach Paulines Verbleib: Nein, er hatte sie nicht gesehen. Aber die Mademoiselle hätte gerade eben noch nach ihnen gesucht, um ihnen zu sagen, dass der Spaziergang heute ausfallen müsse.

Oh, die Mademoiselle! An die hatten sie gar nicht mehr gedacht. Nun, zum Glück hatte sie wohl anderes vor, als mit ihnen spazieren zu gehen, und so waren sie zumindest diese Sorge los.

Hannah und Jakob tapsten weiter in Richtung Speisezimmer. Jakob lugte hinein, pfiff nach Pauline und schnalzte mit der Zunge. Aber es kam kein freudig aufgeregtes „Wuff" als Antwort.

Die Stille des frühen Nachmittags war beinahe unheimlich. Nur das Ticken der großen Standuhr war zu hören und erinnerte sie daran, dass wertvolle Zeit verrann. Hannah fröstelte in ihrer Verzweiflung.

„Pauline ist schon entführt worden, nicht wahr?", flüsterte sie.

„Dann müssen wir eben den Entführer stellen!", zischte Jakob und schlug dabei entschlossen mit der Faust gegen die Wand.

Doch die Suche nach Heinrich gestaltete sich ebenso ergebnislos wie die nach Pauline. Er war einfach nicht zu finden. Nun konnte nur noch Papa Goldfarb helfen!

Sie stürmten in das Arbeitszimmer, nahmen diesmal keinerlei Rücksicht auf Konten, Zahlen und Dokumente, in denen ihr Vater gedanklich untergegangen schien, und stürzten zum Schreibtisch.

„Wo ist Heinrich?", platzte Jakob heraus.

Herr Goldfarb schreckte hoch und sah seinen Sohn ziemlich verwundert an. Aber bevor er auf die mangelnden Manieren eingehen und zu einer langen Ausführung über das Einhalten ebendieser Manieren ausholen konnte, fuhr Jakob fort: „Heinrich ist der Dieb. Und er ist ein Entführer! Er hat Pauline entführt!"

„So ein Humbug. Außerdem ist Heinrich nicht mehr hier", versetzte Herr Goldfarb ziemlich verblüfft.

„Was?", flüsterte Hannah entsetzt.

Herr Goldfarb lehnte sich zurück, nickte mit dem Kopf und verkündete ziemlich griesgrämig: „Ja, er ist abgereist. Kein Wunder bei den Zuständen in diesem Haus. Den habt ihr verscheucht, den Heinrich!"

„Aber er ist ein Gauner!"

„Hannah! Ich verbitte mir ..."

Weiter kam Herr Goldfarb nicht, denn einmal mehr platzte Professor Einstein ins Zimmer, dicht gefolgt von Jette, die ihn ja eigentlich ankündigen wollte, aber nicht dazu kam. Der Professor lächelte allen zu und brummelte dann: „Ja, also ich habe auch nichts Gutes gehört über den Studenten Heinrich, mein lieber Goldfarb. Da ich zufällig in der Gegend war, bin ich vorbeigekommen, um es dir zu erzählen."

„Wie?"

Herr Goldfarb kam aus dem Wechselbad der Gefühle nicht mehr heraus und wurde nun von einer Mischung aus Neugier und Entsetzen übermannt. Hannah und Jakob hingegen lauschten angespannt, während der Professor fortfuhr: „Er wettert an der Universität gegen mich. Hat sich meinen schlimmsten Gegnern angeschlossen. Jenen, die mich diffamieren wollen. Es würde schon passen, wenn ausgerechnet dieser Heinrich mein Notizbuch gestohlen hätte!"

„Also, jetzt rufe ich doch die Polizei ...", murmelte Herr Goldfarb und griff zum Telefon.

Der Professor nickte ernst und Zustimmung funkelte in seinen Augen.

„Vergiss Pauline nicht!", bettelte Hannah, aber Herr Goldfarb winkte nur ab.

„Also, ein verschwundener Hund wird die Polizei wohl kaum interessieren! Pauline taucht bestimmt bald wieder auf. Wahrscheinlich ist sie nur im Garten."

Nun war jeglicher Widerspruch zwecklos, denn Herr Goldfarb war bereits dabei, mit dem Fräulein vom Amt zu sprechen, und seine Konzentration lag gewissermaßen völlig in der Telefonleitung.

Jakob zog Hannah vom Schreibtisch weg und wollte sie trösten, sah er doch genau, dass sich erste Tränen einen Weg über ihre Wangen bahnen wollten. Aber Jette bedeutete den Zwillingen, ihr auf den Flur zu folgen.

„Also, jetzt mal Tacheles – was ist los?", fragte sie ziemlich direkt und vor allem mit so fester Stimme, dass auch Hannah ihre wiederfand und stockend erzählte, was geschehen war.

„Na, das ist doch die Höhe! Mopst der unseren Mops!", erboste sich Jette, als sie die ganze Geschichte gehört hatte, und stemmte dabei ihre Hände in die Hüften. „Der Ludwig kann uns da helfen! Der weiß bestimmt, wo der Heinrich ist! Oder er kann es herausfinden."

Jette raffte ihre Röcke und wollte gleich zur Tat schreiten, sah dann jedoch das Zögern in den Augen der Kinder und hielt inne.

„Gibt es sonst noch etwas?"

Hannah und Jakob warfen sich einen vielsagenden Blick zu, drucksten herum, und schließlich flüsterte Hannah: „Vielleicht steckt er ja mit Heinrich unter einer Decke?"

„Ha!", war die unerwartete und sehr laute Antwort von Jette. „Mein Ludwig kann diesen schrecklichen Menschen überhaupt nicht ausstehen! Das glaubt mir mal!"

„*Dein* Ludwig?", hakte Jakob nach.

Jettes Wangen röteten sich und glänzten wie blank polierte Winteräpfel.

„Äh. Ja. Meiner. Wir sind so ein bisschen verbandelt. Ihr versteht? Wir treffen uns ab und zu und so ... Ihr erzählt es doch nicht weiter?"

Jette rang sichtlich nach Worten und gleichzeitig mit ihrer Fassung und wirkte dabei so verwirrt, dass Hannah nicht anders konnte, als ihr einfach um den Hals zu fallen. Das war also der Grund für Jettes geheimes Treffen mit Ludwig gewesen! Gleich darauf überkamen sie erneut Zweifel: Konnten sie deshalb auch Ludwig trauen? Was, wenn er Jettes Freundschaft nur benutzte, um gemeinsam mit Heinrich den Professor auszuspionieren?

„Also, ich werde den Ludwig fragen, ob er weiß, wo Heinrich hingezogen ist. Und zwar, sobald er von der Universität kommt. Keine Widerrede!", polterte Jette und rauschte davon.

„Glaubst du, Ludwig ist unschuldig?", fragte Hannah leise.

Jakob zuckte nur zaghaft mit den Schultern. Er wusste es auch nicht. Aber es war ein Hoffnungsschimmer. „Wir müssen jetzt Pauline finden. Das ist das Wichtigste!"

„Aber wir haben schon überall gesucht", versetzte Hannah verzweifelt.

„Dann suchen wir eben noch einmal überall!"

Gesagt, getan. Erneut streiften sie durch das Haus und lockten Pauline mit Schnalzlauten, Pfiffen und lieber Stimme. Aber sie war nicht zu finden. Schließlich kamen sie wieder in die Bibliothek und ließen sich auf das Sofa vor dem Kamin plumpsen.

„Was, wenn er ihr schon etwas angetan hat?" Hannah schlug die Hände vor ihr Gesicht. Nun quollen doch die ersten Tränen aus ihren Augen. Jakob rutschte näher heran, um seine Schwester zu trösten, als er plötzlich etwas Merkwürdiges im Kamin entdeckte, in dem gerade kein Feuer brannte. Er kniete sich auf den Boden, nahm das Kaminbesteck und stocherte in der Asche.

„Sieh doch! Papierschnipsel! Das könnte eine Botschaft sein. Komm, hilf mir!"

? *Was steht auf den Papierschnipseln?*

Katzenmusik

„Morgen am vereinbarten Treffpunkt. Sorge dafür, dass die Kinder Ruhe geben, sonst stirbt der blöde Köter", las Jakob mit leiser Stimme den Text der Botschaft, die sie eben zusammengepuzzelt hatten.

Ein dicker Kloß setzte sich in seine Kehle. Fast schien es ihm, als hätte er sich an einem ganzen Berg Mazzesknödel verschluckt. Hannah hingegen war käsebleich geworden und starrte fassungslos auf die zusammengefügten Papierschnipsel. Schließlich sagte sie: „Damit wissen wir, dass Heinrichs Komplize hier im Haus ist. Der Zettel ist in Heinrichs Schrift geschrieben. Nehmen wir an, Heinrich hat ... Pauline ... mitgenommen, als er ging, und hat seinem Komplizen noch diese Botschaft zukommen lassen. Dieser Komplize hat die Botschaft gelesen, während wir auf der Suche nach Pauline waren."

Jakob richtete sich auf und rief: „Stimmt! Denn als wir heute Mittag in der Bibliothek waren, lagen noch keine Schnipsel im Kamin! Da bin ich ganz sicher."

Hannah nickte gedankenverloren und begann, im Zimmer auf und ab zu gehen, während sie weitersprach: „Ich vertraue Jette und glaube nicht, dass sie der Komplize ist. Aber wer dann? Herr Timmelmann etwa? Das Küchenmädchen? Die Köchin? Karl? Oder vielleicht gar die Mademoiselle?" Sie hielt in ihrem Gang inne und schüttelte unwirsch den Kopf. „Nein, die Mademoiselle ist viel zu piekfein, um sich mit Gaunern einzulassen ..."

„Und Herr Timmelmann ist zu verwirrt, und überhaupt ... irgendwie bleibt doch nur Ludwig übrig. Können wir ihm vertrauen? Was meinst du?", fragte Jakob.

„Ich weiß es nicht. Dieses ständige Grübeln macht mich noch ganz meschugge!", schimpfte Hannah verzweifelt.

„Auf alle Fälle sollten wir noch einmal mit Papa sprechen!", sagte Jakob.

Und so versuchten sie vor dem Abendessen noch einmal, ihren Vater davon zu überzeugen, die Polizei wegen Paulines Verschwinden zu informieren. Sie zeigten ihm Erpresserbrief und Papierschnipsel, und Herr Goldfarb schien ihnen nun doch zu glauben, dass Heinrich Pauline entführt hatte, weigerte sich aber standhaft, wegen eines entführten Hundes die Polizei zu informieren. Man könnte an seiner geistigen Verfassung zweifeln, erklärte er.

Das Abendessen ohne Pauline unter dem Tisch erschien Hannah fast unerträglich. Zumal es Zimmes gab, eine von Paulines Leibspeisen. Und als die Mademoiselle sich auch noch sichtlich zufrieden über das Verschwinden des Mopses zeigte und fröhlich ankündigte, dass sie dann ja morgen endlich einmal ihr neues Kleid anziehen könnte, stiegen Hannah erneut Tränen in die Augen.

Gleich nach dem Essen gingen die Zwillinge zu Bett, in der Gewissheit, dass sie kein Auge zutun würden.

Am nächsten Morgen wollten sie sich sofort wieder auf die Suche nach Pauline und Heinrich machen, doch Mademoiselle Eloise in ihrem neuen Kleid wachte mit Adleraugen darüber, dass sie sich nach dem Frühstück ohne Umwege zu Herrn Timmelmann ins Studierzimmer begaben. Und nach dem Mittagessen tauchte zu ihrem Entsetzen auch noch Professor Einstein auf, seine Geige unter dem Arm.

„Notizen hin oder her – die Geige ist ja immerhin wieder aufgetaucht und wir wollten in Zukunft ja öfter musizieren ...", sagte er gut gelaunt.

Jakob und Hannah sahen sich in echter Verzweiflung an. Ihr Mops war weg – wer dachte da schon an Geigen, Mozart und Bach?!

Doch Herr Goldfarb beurteilte die Sachlage völlig anders. „Die Polizei wird diesen Gannes Heinrich schon finden und dann taucht auch Pauline wieder auf. So lange können wir nur abwarten. Und nun Abmarsch ins Musikzimmer!"

Herr Goldfarb ließ sowohl in Haltung als auch Stimme erkennen, dass Widerspruch vollkommen zwecklos war. Also fügten sich Jakob und Hannah in das furchtbare Schicksal, ausgerechnet jetzt musizieren zu müssen.

Doch es war ihnen unmöglich, sich auf die Musik zu konzentrieren. Zwar setzte sich Hannah ans Klavier, und Jakob nahm artig seine Geige zur Hand – wenn auch mit einem gewissen unübersehbaren Widerwillen –, und sie versuchten auch, ihren Instrumenten einigermaßen richtige Töne abzuringen, aber es wollte einfach nicht gelingen. Es klang arg nach Misshandlung der Instrumente und Herr Goldfarb unterbrach

das Musizieren schließlich mit einem Schnauben, unterstrichen von einer verzweifelten Geste mit dem Geigenbogen, und rief: „Ihr spielt kolossal falsch!"

„Ja, es klingt fast schon drollig", bestätigte der Professor, ließ seine geliebte Geige sinken und sah Hannah und Jakob abwechselnd und sehr direkt in die Augen.

„Es ist eigentlich kein schweres Stück heute ...", meinte er etwas unbestimmt und verwuschelte sich mit der Hand die ohnehin bereits völlig zerzauste Frisur, die man als solche eigentlich gar nicht bezeichnen konnte.

Aber zum ersten Mal musste Jakob bei dieser lustigen Geste nicht lachen. Er zuckte die Schultern und sagte etwas mutlos: „Ja, aber es ist wie mit der Mathematik. Die macht auch keinen Spaß, wenn man sie nicht versteht und mit den Gedanken ganz woanders ist ..."

Der Professor trat einen Schritt auf Jakob zu und klopfte ihm auf die Schultern. „Mach dir keine Sorgen wegen deiner Schwierigkeiten mit der Mathematik. Ich kann dir versichern, dass meine noch größer sind."

„Das glaube ich nicht!", entfuhr es Jakob. Aber der Professor lachte, dass die Flügel seiner fleischigen Nase bebten.

„Doch, doch, das ist so. Deshalb mag ich die Musik so sehr. Sie ist wie ein wunderbarer Ort, an dem ich Zuflucht finde, wenn ich mit Schwierigkeiten nicht fertigwerde. Wenn ich vor unlösbaren Problemen stehe. Dann hilft die Musik, meine Gedanken zu ordnen."

„Aber hilft sie auch, Verlorenes wiederzufinden?", hakte Hannah voller Zweifel nach.

Der Professor grübelte eine Weile, bevor er antwortete.

„Doch, ja. Natürlich. Sobald man völlig in der Musik abtaucht, kann es durchaus sein, dass man etwas wiederfindet, das man verbummelt hat. Nun, zwar keine Regenschirme und Haustürschlüssel", fügte er lachend hinzu, bevor er wieder ernst wurde. „Aber was habt ihr denn verloren?", fragte er schließlich nach.

„Pauline!", rief Hannah.

„Jetzt kommt das wieder aufs Tapet", seufzte Herr Goldfarb. „Vielleicht ist es besser, wir zwei musizieren alleine weiter. Ein Spaziergang an der frischen Luft könnte euch Kindern nicht schaden."

Nun, das war der erste Hoffnungsschimmer am Horizont, dachte Jakob und sah mit Erleichterung zu Hannah, die augenblicklich vom Klavier hochsprang, artig knickste und mit Jakob gemeinsam aus dem Musikzimmer stob. Nur wenig später hörten sie die leisen Töne der Geigen. Papa Goldfarb und der Professor waren bereits wieder in ihre Musik abgetaucht.

„Und jetzt?", fragte Hannah etwas unschlüssig.

„Ich weiß auch nicht so genau. Wir wissen überhaupt nicht, wo der vereinbarte Treffpunkt sein könnte. Und wer der Komplize ist. Und ob sie sich schon getroffen haben ..."

„Was macht ihr denn 'ier? Ihr solltet doch bei der 'ausmusik sein!"

Die Mademoiselle! Ausgerechnet jetzt! Musste das sein?, dachte Hannah, knickste aber einmal mehr sehr artig und erklärte: „Papa hat uns weggeschickt, wir sollen lieber einen Spaziergang machen."

Die Mademoiselle kniff ihre Augen misstrauisch zusammen. „Ach ja? Das glaube isch nischt. Bestimmt 'abt ihr eusch wieder 'eimlisch weggeschlischen! So, und nun werde isch mit eurer Mutter spreschen."

Die Mademoiselle drehte sich auf dem Absatz um und segelte einem Kriegsschiff gleich die Treppen hinab.

„Sie ist einfach schrecklich", schimpfte Jakob.

Aber Hannah antwortete nicht. Sie starrte der Mademoiselle hinterher und konnte vor Aufregung nicht sprechen.

Was hat Hannah bemerkt?

Gerettet und verloren

Ein angebissener Rocksaum? An Mademoiselle Eloises funkelnagelneuem Kleid?

„Hier war Pauline am Werk!", raunte Jakob.

Hannah hatte sich wieder gefangen und nickte: „Ja, und damit wissen wir, wer der Komplize ist. Die Mademoiselle – das hätte ich nie gedacht!"

„Massel im Schlamassel, sag ich da nur." Jakob lachte bis über beide Ohren, so groß war seine Erleichterung darüber, dass Pauline wohl doch nicht hoffnungslos verloren war.

„Kann man wohl sagen – wir müssen uns nur an die Fersen der Mademoiselle heften. Vielleicht treffen sich die beiden Diebe heute noch einmal. Oder spätestens morgen. Dann werden wir auch Pauline wiederfinden."

„Und den Gannes Heinrich. Das gibt ein Fest – wenn wir Heinrich finden, Pauline retten und die Notizen des Professors gleich dazu!", jubelte Jakob.

Vor der erhofften Rettung stand allerdings der bereits angedrohte Spaziergang auf dem Plan. Hannah und Jakob fügten sich in ihr Schicksal und stapften neben

Mademoiselle Eloise durch den Park. Dabei konnte Hannah ihre Augen kaum vom angebissenen Rocksaum lösen und musste sich ziemlich am Riemen reißen, um die Mademoiselle nicht darauf anzusprechen. Aber sie beherrschte sich. Mademoiselle Eloise sollte bloß keinen Verdacht schöpfen!

Was sie denn auch nicht tat und die beiden nach dem furchtbaren Spaziergang aus ihrer Obhut entließ. Hannah und Jakob gaben sich ganz unschuldig, taten so, als wollten sie in ihre Zimmer gehen, und schlichen heimlich wieder aus dem Haus, um sich draußen auf die Lauer zu legen. Sie durften die Mademoiselle auf keinen Fall verpassen!

Allerdings wurde ihnen das Warten ziemlich lang. Als die Mademoiselle dann endlich im Mantel und mit Schirm vor die Haustür trat, hatte Jakob das Gefühl, seine Beine wären bereits eingeschlafen. Detektiv sein war wirklich Schwerstarbeit!

Die Mademoiselle knöpfte ihren Mantel bis oben hin zu und marschierte dann mit gar nicht damenhaften Riesenschritten los. Nun hieß es wachsam sein! Und flink zugleich.

Sie warteten, bis die Mademoiselle den Kiesweg zur Auffahrt hinter sich gelassen hatte, und schlüpften

dann aus ihrem Versteck. In geduckter Haltung, ganz so, als wären sie Diebe auf der Flucht, verfolgten sie ihre Gouvernante, die mittlerweile auf die Hauptstraße hinaustrat. Ihr Rocksaum wirbelte bunte Blätter hoch, während sie auf die Haltestelle der Tram zuhielt. Die 15 bimmelte heran, blieb stehen, und die Mademoiselle stieg ein.

Hannah und Jakob erwischten gerade noch den zweiten Waggon der Tram und drängten sich direkt an den Ausgang, um die Mademoiselle bloß nicht zu verpassen, wenn sie ausstieg. Der Schaffner, die schwatzenden Fahrgäste, die vorüberziehenden Häuserreihen – alles verschwamm vor Hannahs Augen. Sie hatte nur noch die Mademoiselle im Sinn. Die Häuser wurden größer, höher und standen immer dichter aneinandergedrängt, immer mehr Menschen quollen

in die Bahn, und immer schwieriger wurde es, den Überblick nicht zu verlieren.

„Kurfürstendamm!", rief der Schaffner und gleichzeitig sah Hannah, wie die Mademoiselle aus der Bahn stieg.

„Wohin ist sie gegangen?", fragte Jakob hektisch, während sie aus dem Waggon kletterten. Diese vielen Menschen! Ein Gedränge, wohin man nur sah! Aber Hannah hatte die Spur noch nicht verloren und zog Jakob einfach mit sich.

„Da vorne! Sie geht in das schmale Haus! Schnell!"

So flott es nur vorwärtsging, verfolgten sie die Mademoiselle. Aber kaum hatten sie das schmale Haus betreten, sahen sie ziemlich ratlos um sich.

„In diesem Haus wohnen so viele Mieter! In welche Wohnung ist sie bloß gegangen?", fragte Hannah, lehnte sich an das Treppengeländer und spähte nach oben.

„Keine Ahnung ... klopfen wir einfach überall", murmelte Jakob.

Jakob raste die Treppen hinauf, nahm mehrere Stufen auf einmal und hämmerte an die erste Wohnungstür. Nichts. Kein Mucks drang aus der Wohnung. Hannah klopfte an die nächste Tür. Ein Schlüssel wurde herumgedreht, die Tür geöffnet – und da stand die Mademoiselle!

Als sie Hannah sah, wollte sie die Tür sofort wieder ins Schloss werfen, aber Jakob war schneller. Mit einem Satz sprang er auf die Tür zu und stemmte sich dagegen. Hannah kam ihm zu Hilfe und schließlich schafften sie es, die verdutzte Mademoiselle zu überrumpeln und in das Zimmer einzudringen.

Und dort auf einem Sofa saß Heinrich! Der nun aufsprang und wütend brüllte: „Was zum Teufel wollt ihr hier?!"

Hannah und Jakob zuckten erschrocken zusammen. Bis zu diesem Augenblick hatten sie gar nicht darüber nachgedacht, was sie zwei Erwachsenen entgegenzusetzen hatten.

Heinrichs Augen funkelten zornig. Die Mademoiselle sah nicht minder böse aus. Heinrich stürzte sich auf

Jakob, schüttelte ihn an den Schultern: „Raus mit der Sprache! Was soll diese Schnüffelei?"

Weiter kam er nicht. Aus dem Nebenzimmer ertönte wildes Gekläffe.

„Pauline!", rief Hannah entzückt und wollte den Mops befreien, aber die Mademoiselle versperrte ihr den Weg.

„Wie ärgerlich, jetzt wird uns nichts anderes übrig bleiben, als für eine Weile zu verschwinden, bis Gras über die Sache gewachsen ist. Und diese Brut sperren wir am besten hier ein", knurrte Heinrich und packte Jakob entschlossen am Kragen. Die Mademoiselle fummelte einen Schlüsselbund von ihrem Gürtel und griff mit der anderen Hand nach Hannah, die sich eben aus dem Staub machen wollte.

„Sperr sie zu dem Köter", befahl Heinrich. „Irgendwann wird sie schon jemand finden. Aber bis dahin sind wir längst verschwunden."

Hannah und Jakob warfen sich einen ängstlichen Blick zu. Was sollten sie jetzt nur tun?

In diesem Moment flog die Tür krachend auf und Jette stob herein! Dicht gefolgt von Ludwig! Hannah atmete erleichtert auf und musste gleichzeitig lachen. Jette hatte einen Regenschirm hoch erhoben in ihrer Hand, lief auf die Mademoiselle zu und versetzte ihr eins mit dem Schirm. Und gleich noch mal.

„Lass das Kind los, du Schnepfe!", wütete sie dabei und sah so entschlossen aus, dass die Mademoiselle tatsächlich Hannah losließ und immer weiter zurückwich.

Ludwig hingegen stürmte auf Heinrich zu, versetzte ihm wortlos einen Kinnhaken, der Jakob größte Hochachtung abrang, und schon lag Heinrich der Länge nach hingestreckt auf dem Boden.

„Nun, der wird uns keinen Ärger mehr machen! Verhaftet und weggeschlossen", brummte Herr Goldfarb sichtlich zufrieden und zwirbelte seinen Schnurrbart. „Es ist schon erschreckend, wozu Neid und Geltungsdrang einen jungen Menschen verleiten können. Einen Einbruch vorzutäuschen, nur um dem Professor zu schaden! Und entführt dann auch noch den Hund, als die Kinder ihm auf die Schliche kommen!"

„Wie gut, dass unsere Jette zur Stelle war! Und dass zufällig nicht nur die saubere Mademoiselle, sondern auch Jette sich in einen der Hausstudenten verguckt hat", sagte Frau Goldfarb und lächelte Jette an, die mit hochrotem Gesicht auf dem Sofa im Salon saß – ausnahmsweise – und an ihrem Kirschlikör nippte. Ob das hochrote Gesicht vom Kirschlikör kam, vom Lob der gnädigen Frau oder doch einfach nur von der Tatsache herrührte, dass ihr Ludwig gerade einen verliebten Blick zuwarf, blieb ungeklärt, aber Hannah und Jakob lachten sie dankbar an. Jakob verschlang eine weitere Pastete – Detektivarbeit machte schließlich hungrig. Und Hannah ließ Pauline eine kleine Wurst zukommen, was diese mit einem wohligen „Wuff" honorierte.

„Nun, eigentlich ist es Ludwigs Verdienst – er hat gerade rechtzeitig herausgefunden, wo der Heinrich wohnt. Und nur deshalb waren wir zur rechten Zeit an Ort und Stelle", erklärte Jette, bekam Schluckauf und beschloss, von nun an nichts mehr zu sagen. Was auch nicht nötig war, denn wieder einmal wirbelte der Professor herein, begrüßte alle mit Überschwang und konnte schier nicht fassen, dass sich seine Notizen wieder eingefunden hatten.

„In Heinrichs Zimmer. Unter der Matratze", erklärte Herr Goldfarb und strahlte über das ganze Gesicht, während er dem Professor das kleine rote Buch überreichte.

„Nun, ich habe eine Menge gelernt", meinte der Professor schließlich nach einer geraumen Weile, die er blätternd in seinen Notizen versunken zugebracht hatte. „Gute Ideen sind etwas sehr Seltenes. Ab sofort werde ich mir diese wenigen Geistesblitze merken.

Und nicht mehr notieren. Dann können sie auch nicht gestohlen werden. Ich werde nie wieder ein Notizbuch führen!"

„Was steht denn eigentlich drin?", fragte Jakob mit unverhohlener Neugier und empfing einmal mehr einen strafenden Blick seiner Mutter.

Aber der Professor schien sich über Jakobs Interesse zu freuen und antwortete: „Ich nenne es die einheitliche Feldtheorie. Mal sehen, was ich aus meinen Notizen erarbeiten kann. Nun, da ich sie wiederhabe ... Mir schien es wirklich wie eine Strafe, dass die Unterlagen nicht mehr da waren!"

„Apropos Strafe", sagte Herr Goldfarb und sah seinen Kindern abwechselnd in die Augen. „Ich möchte keine weiteren detektivischen Aktivitäten hier in meinem Hause sehen! Und damit ihr auf andere Gedanken kommt, könnten wir nun gleich ein wenig musizieren!"

„Oh nein!", stöhnte Jakob auf. „Pauline und das wertvolle Notizbuch sind gerettet – aber ich bin hoffnungslos verloren ..."

Schallendes Gelächter war die Antwort. Musiziert wurde trotzdem. Und Pauline kläffte in den höchsten Tönen dazu.

Lösungen

Diebe in der Nacht
Jakob hat bemerkt, dass die Scherben der eingeschlagenen Fensterscheibe nicht im Zimmer liegen. Die Scheibe wurde also nicht von draußen, sondern von innen eingeschlagen.

Ich sehe was, was du nicht siehst
Hannah hat entdeckt, dass rund um Ludwigs Schuhe herum eine kleine Wasserpfütze entstanden ist. Er war wohl eher draußen und nicht in seinem Zimmer, wie er behauptet.

Die Geheimbotschaft
Auf dem Zettel steht: *Treffen uns Sonntag Nähe Marmorhaus 17 Uhr wie besprochen.* Die Botschaft muss von unten nach oben und von rechts nach links gelesen werden.

Holzauge, sei wachsam!
Heinrich ist Linkshänder, Ludwig Rechtshänder. Der junge Mann hat die Kinokarten mit der rechten Hand entgegengenommen – also wird es wohl Ludwig sein.

Auf der Lauer
Der dritte Schlüssel von rechts passt ins Schloss der
Waschküche.

Verdächtigungen
Lakritze.

Ein Erpresserbrief
Das „P" in dem Brief ist mit vielen Schnörkeln verse-
hen. So merkwürdig schreibt nur Heinrich.

Entführt!
Auf dem Zettel steht: Morgen am vereinbarten Treffpunkt. Sorge dafür, dass die Kinder Ruhe geben, sonst
stirbt der blöde Köter.

Katzenmusik
Hannah hat bemerkt, dass der Saum von Mademoiselle
Eloises neuem Kleid angebissen ist. Das bedeutet, dass
sie der entführten Pauline begegnet sein muss.

Glossar

Aschpe: jiddisch für Mist

Baruch ata adonai: hebräisch für Gesegnet sei der
  Herr

*Baruch ata adonai eloheinu melech haolam ascher
kideschanu bemitzwotaw wetziwanu al netilat
jadaim:* jüdischer Segensspruch in hebräischer
  Sprache, der an Schabbes beim Waschen der Hände vor dem Brotgenuss gesprochen wird. Bedeutung: Gelobt seist Du, Ewiger, unser Gott, König
  der Welt, der uns mit seinen Geboten geheiligt und
  uns befohlen hat, die Hände zu waschen.

*Baruch ata adonai eloheinu melech haolam ha-
motzi lechem min haaretz:* jüdischer Segensspruch
  über das Brot in hebräischer Sprache. Bedeutung:
  Gelobt seist Du, Ewiger, unser Gott, König der
  Welt, der das Brot aus der Erde hervorbringt.

Challot: Brot, das in Zopfform speziell für Schabbes
  gebacken wird. Immer zwei davon müssen auf der
  festlich gedeckten Tafel bereitliegen.

Chuzpe: jiddisch für Frechheit, Dreistigkeit

Dadaismus: künstlerische und literarische
  Bewegung, die 1925 in der Schweiz entstand. Die
  Künstler des Dadaismus wollten durch gezielt ein-
  gesetzte Unlogik und Unsinn die gesamte Kunst,

aber auch das konservative Bürgertum infrage
stellen.

Das Cabinett des Dr. Caligari: Stummfilm
(1919/1920) von Robert Wiene. Der wahrscheinlich berühmteste deutsche Stummfilm

Einheitliche Feldtheorie: Albert Einstein war der
erste Wissenschaftler, der versuchte, alle Materie
und Kraftfelder des Universums in einer Formel,
dem „vereinheitlichten Feld", zusammenzufassen –
diesen Versuch nannte er „Einheitliche Feldtheorie".

Fleischküche: In der jüdischen Religion ist es streng
verboten, Milch und Fleisch miteinander zu
vermengen. Damit dies auch unabsichtlich nicht
geschehen kann, trennen viele jüdische Familien
ihre Küche in die Milchküche und die Fleischküche. Besteck, Töpfe etc. – alles wird entweder für
Fleisch- oder für Milchgerichte verwendet, niemals
aber für beides.

Gannes: jiddisch für Gauner, Halunke

Gefillter Fisch: jiddisch für gefüllter Fisch;
berühmtes jüdisches Rezept

Haman: Der Haman war ein persischer Minister, der
alle Juden töten wollte. Jüdische Eltern drohen mit
dem Namen des Haman, wenn ihre Kinder z.B.
nicht aufhören wollen, Fragen zu stellen. Wird der
Haman erwähnt, verstummen die Fragen sofort.
Zu schrecklich ist allein der Gedanke an ihn.

Hawdala: hebräisch für Trennung, Teilung. Mit dem Hawdala-Gebet wird das Ende des Schabbes angezeigt.

Hebräisch: sehr alte Sprache. Die Thora und damit auch die Bibel wurden in vielen Teilen in Hebräisch verfasst.

Jiddisch: Umgangssprache, die von ca. drei Millionen Menschen auf der Welt gesprochen wird. Das Jiddische entwickelte sich im Mittelalter in Deutschland und ist eine Mischung aus vielen verschiedenen Sprachen (überwiegend Hebräisch, Deutsch, Polnisch und Russisch).

Kiddusch: hebräisch für Segnung, Heiligung. Zeremonie zu Beginn des Schabbats oder eines Feiertages

koscher: hebräisch für rein, tauglich, geeignet. „Koschere Speisen" beispielsweise sind Speisen, die nach jüdischen Speiseregeln zubereitet wurden.

Koschern: reinigen. Vor dem Schabbes wurde das gesamte Haus gekoschert.

Kurfürstendamm: eine der berühmtesten Straßen in Berlin. Bereits in den 1920er-Jahren gab es hier Geschäfte, Cafés, Restaurants, Theater, Kabaretts und Kinos, die unzählige Besucher anlockten.

Marmorhaus: berühmtes Kino im Berlin der 1920er-Jahre auf dem Kurfürstendamm

Massel: jiddisch für Glück

Menora: siebenarmiger Leuchter, der ein sehr
 wichtiges Symbol der jüdischen Religion ist
meschugge: hebräisch/jiddisch für verrückt
Newton: Sir Isaac Newton (1643–1727) war
 Mathematiker, Physiker, Astronom und Philosoph.
 Er gilt als einer der größten Wissenschaftler aller
 Zeiten und prägte mit seinen Erkenntnissen unser
 Weltbild.
Ragtime: flotte Musikrichtung aus dem Süden der
 USA
Relativitätstheorie: Die Relativitätstheorie von
 Albert Einstein befasst sich mit der Struktur von
 Raum und Zeit und der Gravitation (gegenseitige
 Anziehung von Masse).
Schabbat: auch Sabbat, Schabbes. Der Tag der Ruhe.
 Der Schabbat wird von den Juden als Feiertag
 begangen, an dem alle Arbeiten ruhen müssen. Er
 beginnt am Freitagabend und endet am Samstag-
 abend.
Schabbat Schalom: hebräisch für „Der
 Schabbatfrieden sei mit dir".
Schabbes: vgl. Schabbat
Schlamassel: jiddisch für Unglück
Schmiere stehen: jiddisch für aufpassen, Obacht
 geben
Sprüche 31: Loblied (Eschet Chajil = Lied der
 tüchtigen Frau, Sprüche 31; 10–31) aus der Thora,

das der Mann seiner Frau am Abend des Schabbat widmet

Tacheles: jiddisch für direkt und unverblümt die Wahrheit sagen

Thora: auch Tora, Torah. Die Heilige Schrift des Judentums, die weitgehend dem Alten Testament des Christentums entspricht

Tscholent: jüdisches Gericht, Eintopf, der vor Schabbat-Beginn zubereitet wird und über Nacht im Backofen gart. Da man als gläubiger Jude am Schabbes nicht arbeiten darf, darf man auch nicht kochen oder ein Feuer entzünden. Aus diesem Grund wird der Tscholent bereits am Freitag aufgesetzt, sodass man am Schabbes warmes, leckeres Essen hat.

Vite, vite!: französisch für „Schnell, schnell!".

Zimmes: langsam gekochter Eintopf aus Fleisch, Karotten, Süßkartoffeln und Trockenpflaumen

Zeittafel

14.03.1879 Albert Einstein wird in Ulm geboren.

1885 Albert Einstein kommt in die Schule (die Familie ist mittlerweile nach München umgezogen) und er beginnt mit dem Geigenunterricht.

1896 Albert Einstein gibt mit der Zustimmung seines Vaters seine deutsche Staatsangehörigkeit auf, da er Pazifist ist und unter keinen Umständen zum Militär will. Er macht das Abitur und beginnt noch im gleichen Monat mit seinem Studium am Polytechnikum in Zürich.

1899 Er erhält die Schweizer Staatsbürgerschaft.

1900 Er beendet sein Studium mit dem Fachlehrerdiplom für Mathematik und Physik.

1901 Er wird Lehrer an einer Privatschule in Schaffhausen.

1903 Einstein heiratet seine erste Frau Mileva.

1904	Er erhält eine feste Anstellung am Patentamt in Bern.
1905	Er veröffentlicht fünf Aufsätze, darunter auch seine Ausführungen zu der von ihm entdeckten „Speziellen Relativitätstheorie" mit der berühmten Formel $E=mc^2$.
1906	Ihm wird die Doktorwürde verliehen.
1908	Einstein reicht seine Dissertation an der Universität in Bern ein, habilitiert und wird Privatdozent.
1909	Er kündigt beim Patentamt und wird Professor für theoretische Physik an der Universität Zürich.
1914	Einstein zieht nach Berlin um, er wird Mitglied in der Preußischen Akademie der Wissenschaften und bekommt eine Professur an der Universität Berlin.
1916	Einstein stellt seine Allgemeine Relativitätstheorie auf, die nur vier Jahre später durch Beobachtungen am Sternenhimmel bestätigt wird.
1919	Seine erste Ehe wird geschieden und er heiratet seine zweite Frau Elsa.
1920	Einstein beginnt, sich für Religion zu

interessieren, und entdeckt seine jüdische Abstammung.

1921   Albert Einstein erhält den Nobelpreis für einen Aufsatz über den photoelektrischen Effekt.

1933   Die NSDAP ergreift die Macht in Deutschland. Das Umfeld ist stark von Judenhass geprägt, auch an den Universitäten. Einstein befindet sich gerade auf einer Amerikareise und erklärt am 10. März, dass er nicht mehr nach Deutschland zurückkehren wird. Er bricht alle Kontakte zu deutschen Instituten ab und wird nie wieder deutschen Boden betreten.

18.04.1955   Albert Einstein stirbt in Princeton, USA, im Alter von 76 Jahren.

Einstein – ein genialer Wissenschaftler

„Wenn man zwei Stunden lang mit einem netten Mäd-chen zusammensitzt, meint man, es wäre eine Minute. Sitzt man jedoch eine Minute auf einem heißen Ofen, meint man, es wären zwei Stunden. Das ist Relativität."

Albert Einstein

Albert Einstein privat

Albert Einstein war Jude, aber die Religion spielte keine große Rolle in seiner Familie. Erst später begann er, sich dafür zu interessieren.

Dafür beschäftigte er sich schon als Kind stunden-lang mit einem Kompass, den er von seinem Vater geschenkt bekam und als er in die Schule kam, nannte er das Geometriebuch „sein geheiligtes Büchlein".

Allerdings sahen seine Lehrer in Albert Einstein noch kein Genie, obwohl seine Noten sehr gut waren. Dass er in Mathematik eine Sechs bekommen hat, ist zwar richtig, aber Albert Einstein ging damals in der Schweiz zur Schule, und dort ist die Sechs eine Eins im Zeugnis. Er galt als sehr fleißiger Forscher, aber er war auch der Inbegriff des „verwirrten Professors". Ständig vergaß er seinen Haustürschlüssel, verbummelte Regenschirme und Hüte und war in Gedanken oft nur mit seinen Formeln beschäftigt. Nur die Musik, die er über alles liebte, konnte ihn bisweilen aus dieser Gedankenwelt locken – und Kuchen und Torten. Er naschte für sein Leben gern ...

Albert Einsteins Arbeit

Albert Einstein gilt als einer der größten Wissenschaftler, die jemals gelebt haben. Seine Theorien waren so neu, dass sie das gesamte damalige Weltbild auf den Kopf stellten.

Im Zentrum von Einsteins Forschungen standen seine Allgemeine und Spezielle Relativitätstheorie. Bahnbrechend war auch seine sogenannte Einheitliche Feldtheorie.

Leider wurden Einsteins brillante Erkenntnisse auch dafür benutzt, Waffen mit ungeheurer Zerstörungskraft zu bauen – obwohl der friedliebende Wissenschaftler ausdrücklich davor gewarnt hatte, dass seine Theorien für den Bau einer Bombe missbraucht werden könnten. Die Verleihung des Nobelpreises für Physik 1921 machte Albert Einstein über Nacht berühmt, brachte aber auch viel Ärger und Kummer mit sich. Denn die Menschen seiner Zeit waren nicht alle bereit, Einsteins Erkenntnissen mit offenem Geist entgegenzutreten. Seine Theorien hoben die damalige Weltsicht aus den Angeln. Und dieser modernen Sicht der Welt konnten und wollten sich nicht alle Forscher, Physiker, Wissenschaftler anschließen. Albert Einstein war zwar traurig darüber, manchmal auch erbost, aber er arbeitete fleißig weiter an seinen Theorien – schließlich gab es auch viele Befürworter.

$E=mc^2$: eine der berühmtesten Formeln der Welt

Mit dieser Formel fasste Albert Einstein mathematisch zusammen, dass Raum und Zeit relative Größen sind. Die Formel besagt: Energie (E) ist gleich der Masse (m) mal Lichtgeschwindigkeit hoch zwei (c^2). Das heißt, Masse kann in eine enorme Energie umgewandelt werden, wenn sie mit dem Quadrat der Lichtgeschwindigkeit multipliziert wird. (Das Licht bewegt sich mit einer Geschwindigkeit von 300000 Kilometern pro Sekunde.)

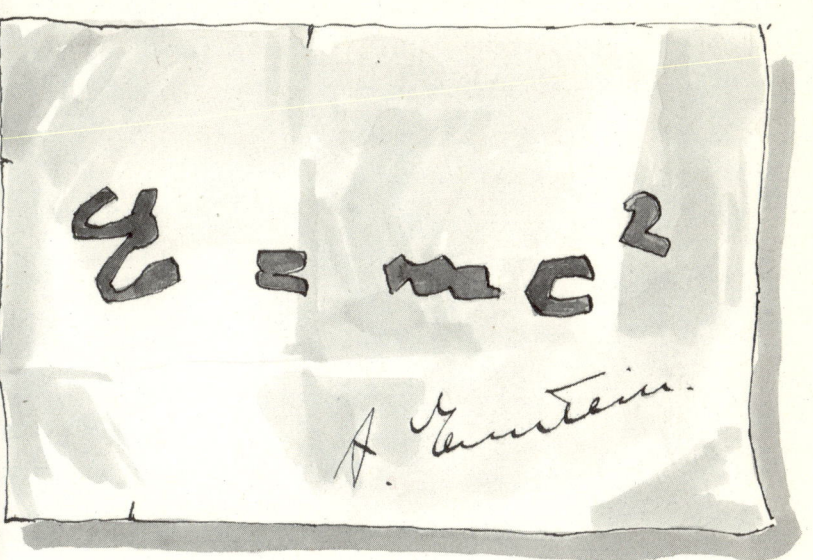

Die Relativitätstheorie

Die Lichtgeschwindigkeit gilt als die höchste Geschwindigkeit. Mit seiner Speziellen und später der Allgemeinen Relativitätstheorie erkannte Albert Einstein, dass im Bereich der Lichtgeschwindigkeit Masse, Raum und Zeit vom Beobachter abhängig und damit relativ sind.

Man stelle sich vor, es gäbe ein Raumschiff, das mit Lichtgeschwindigkeit fliegen könnte. In diesem Raumschiff säße ein Raumfahrer. Seine Frau bliebe zu Hause. Während für den Raumfahrer nur eine Sekunde verstreicht, würden für seine Frau auf der Erde ganze

22 Sekunden vergehen! Das heißt, die Zeit würde im Raumschiff sehr viel langsamer verstreichen als auf der Erde.

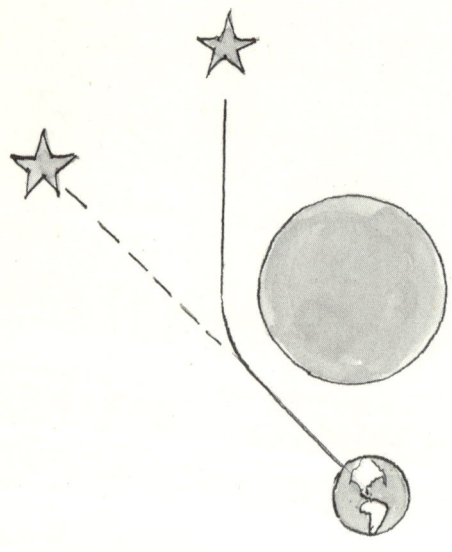

Es gibt noch ein Beispiel, das die Relativitätstheorie veranschaulichen kann: Das Gravitationsfeld der Sonne lenkt den Lichtstrahl des Sterns ab. Ein Mensch, der auf der Erde steht und den Sternenhimmel beobachtet, sieht deshalb nicht die tatsächliche Position des Sterns, sondern nur seine scheinbare Position.

Einheitliche Feldtheorie

Albert Einstein versuchte in seiner Einheitlichen Feldtheorie alle Materie und Kraftfelder des Universums in einer Formel, einer Art „Weltformel", zusammenzufassen. Allerdings kam er diesen „einheitlichen Feldern" nicht mehr gänzlich auf die Spur und starb, ohne seine Forschungen diesbezüglich abgeschlossen zu haben. Heute noch arbeiten internationale Forschungseinrichtungen mit hohem Aufwand daran, Einsteins Forschungen zu einem Ergebnis zu bringen.

Albert Einstein war ein Genie mit unglaublicher Vorstellungskraft, ein brillanter Geist, dessen Berechnungen, Erkenntnisse und Theorien auch heute noch von nur sehr wenigen Menschen vollkommen verstanden werden.

Und trotzdem sagte er selbst einmal zu einer Schülerin: „Mach dir keine Sorgen wegen deiner Schwierigkeiten mit der Mathematik. Ich kann dir versichern, dass meine noch größer sind."

Nun, hier dürfte er gescherzt haben, aber es zeigt, dass er nicht nur eines der größten Genies, die jemals gelebt haben, war, sondern auch ein Mensch mit Sinn für Humor und Witz.

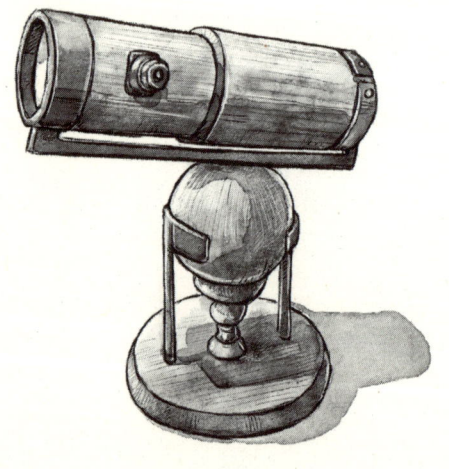

Annette Neubauer

Im Bann der Alchemie

Illustrationen von Joachim Krause

Begegnung im Tower

„Geht das nicht schneller?", rief Newton ungeduldig und beugte sich nach vorne. Der Kutscher ließ die Peitsche knallen und die Pferde zogen an. Die Räder des Wagens knarrten, als sie um eine Ecke in die St. Albans Street bogen.

„Warum muss in London auch überall gebaut werden?" Newton fuhr sich hektisch durch sein halblanges graues Haar. „Die ganze Stadt ist versperrt."

„Beruhigt Euch, Sir." George, der auch in der kleinen Kalesche saß, hatte bei den ständigen Wutausbrüchen Newtons ein mulmiges Gefühl. Er war erst seit einem Tag bei dem bekannten Naturwissenschaftler zu Besuch. Trotzdem wusste er bereits, dass Newton alles, was ihn von seinen Forschungen abhielt, hasste. George dagegen war froh, Newtons Wohnung in der Jermynstreet für ein paar Stunden verlassen zu können. Für ihn war die Kutschfahrt zum Tower eine willkommene Abwechslung.

„Ich würde gern mehr von der Hauptstadt sehen", seufzte George und blickte zur Themse, in der sich die warme Herbstsonne spiegelte.

„George, ich habe deinem Vater versprochen, dich in Mathematik, Physik und Astronomie zu unterrichten. Von Spazierfahrten war nie die Rede." Newton zog seine Mundwinkel nach unten, wobei sein Nasenrücken noch länger wirkte als gewöhnlich. Mit seinen wachen Augen betrachtete er seinen Schüler und runzelte die Stirn. „Deine Kenntnisse in den Naturwissenschaften sind katastrophal. Dabei bist du schon zwölf Jahre alt!"

George wandte beschämt den Kopf zum Fenster und beobachtete, wie eine Frau mit einem schweren Korb auf der Schulter den Bürgersteig entlanghastete. Er wollte sich nicht mit Newton streiten. Gegen den scharfen Verstand seines Lehrers kam George ohnehin nicht an und er wechselte lieber das Thema. „Sir, Ihr habt mir immer noch nicht erklärt, weshalb Ihr im Tower vorsprechen müsst."

„Das, mein junger Freund, wirst du ohnehin nicht verstehen", antwortete Newton und nestelte an seinem Seidentuch.

„Wie soll ich etwas lernen, wenn ich keine Antworten auf meine Fragen bekomme?", brummelte George leise. „Mein Vater hat mich zu Euch gebracht, damit ich bei Euch Privatunterricht erhalte. Und jetzt haltet Ihr Euer Wissen vor mir geheim."

„Ich verbitte mir diesen Ton! Wenn ich dir etwas

wirklich Wichtiges erkläre, wie die Erdanziehungskraft, hörst du doch überhaupt nicht zu!" Newton betrachtete seinen Schüler mit griesgrämigem Gesicht. „Wenn mir deine Eltern nicht die Wohnung in London besorgt hätten, würde ich dich auf der Stelle zu ihnen zurückschicken."

George schwieg und blickte Newton trotzig an.

„Nun gut, du bist schließlich bei dem bevorstehenden Termin mit dabei", willigte Newton ein. „Wenn du es unbedingt wissen willst: Ich werde eines Kapitalverbrechens beschuldigt."

„Was?", rief George erschrocken und riss die Augen auf. „Habt Ihr jemanden umgebracht?"

Noch bevor Newton antworten konnte, zog der Kutscher kräftig die Zügel an und die Pferde blieben mit einem Ruck stehen.

„Natürlich nicht", antwortete Newton ungeduldig. Dabei zog er eine Dose Kautabak aus seiner Jackentasche. „Aber jetzt steigen wir erst einmal aus. Wir sind angekommen."

Newton kletterte umständlich aus dem Wagen und drückte dem Kutscher einige Münzen in die Hand. George sprang ihm nach und schaute sich neugierig um. Der Tower hatte die Größe eines Städtchens und beherbergte den königlichen Palast, ein Gefängnis und die Münzanstalt. Vor ihnen lag eine Gasse, die rechts und links mit Fachwerkbauten gesäumt war. In den Häusern waren Wohnungen und Schmieden untergebracht.

Ohne seinen Schüler zu beachten, eilte Newton auf ein weißes Gebäude mit vier Türmen zu, deren Kuppeln golden glänzten. Seine schnellen Schritte hallten laut auf dem Kopfsteinpflaster wider.

„Wartet doch!", rief George, der mit dem Tempo seines Lehrers kaum mithalten konnte. „Verratet mir noch eins: Was habt Ihr denn verbrochen?"

Newton blieb vor einem Eingang stehen, der hinauf zu einem der Türme führte, und drehte sich um. „Nicht

das Geringste. Ich lebe für die Wissenschaft und versuche lediglich, die Gesetze der Erde und des Himmels zu verstehen." Mit einem Ruck drückte Newton den eisernen Türgriff herunter. „Damit habe ich mir, weiß Gott, nicht nur Freunde gemacht."

„Wie meint Ihr das?", fragte George neugierig. Dabei folgte er Newton in das Treppenhaus, wo ihnen die kühle Luft der Steinmauern entgegenschlug.

„Wenn wir Blei in Gold verwandeln können, haben wir eines der wichtigsten Rätsel gelöst", erklärte Newton und stieg die steilen Stufen zum zweiten Stockwerk hinauf. „Die Verwandlung von Materie gehört zu den bedeutendsten Fragen der Naturwissenschaften."

„Ihr seid ein Alchemist?", fragte George fassungslos. „Ein Schwarzkünstler?"

„Nenn es, wie du willst", antwortete Newton gelassen und betrat einen langen Gang. „Aber du weißt ja, dass Alchemie unter Strafe steht, auch wenn sie ernsthaft und nicht aus Geldgier betrieben wird. Die Herrschenden fürchten, ihre Macht zu verlieren, die auf ihrem Reichtum beruht. Denn wenn Gold hergestellt werden kann, wird es über kurz oder lang wertlos. Und nur, was selten ist, wird von den Menschen begehrt."

George schüttelte ungläubig den Kopf. Vollkommen mit dem beschäftigt, was er eben von Newton erfahren hatte, bemerkte er nicht, dass seitlich neben ihm eine Tür aufging. Ein Mann trat mit einem großen Schritt auf den Flur und George rannte direkt in ihn hinein.

„Oh, Entschuldigung", stammelte George, während der Mann vor ihm missbilligend die Brauen hochzog und die Tür hinter sich schloss. Mit seinem Halbrock aus dunklem Samt, seinem Spitzenhemd und seiner auffallend hoch toupierten Perücke wirkte der Mann reich und vornehm.

„Pass doch auf", tadelte er George nun, wobei sich seine schmalen Lippen kräuselten.

„Verzeihen Sie das ungeschickte Benehmen meines jungen Freundes, Mr Wilkins", schaltete sich Newton schnell ein. Allerdings verriet ein feines Lächeln, dass er die Entschuldigung nicht wirklich ernst meinte.

„Ah, Mr Newton", grüßte der Mann zurück, der

den Wissenschaftler erst jetzt wahrzunehmen schien. „Sie zu sehen, ist immer eine Ehre!" Mr Wilkins verbeugte sich leicht, wobei ihm die langen Locken seiner Perücke ins Gesicht fielen.

„Das soll ich Ihnen glauben?" Newtons Augen schienen Mr Wilkins wie zwei scharfe Dolche zu durchbohren. „Bevor wir weiter unsere Zeit mit Belanglosigkeiten verschwenden, verraten Sie mir lieber, weshalb Sie aus dem Zimmer des königlichen Hauptwachtmeisters kommen. Was wollte Mr Townend von Ihnen?"

„Dasselbe könnte ich Sie fragen", antwortete Mr Wilkins und lächelte dünn. „Oder wollten Sie nicht gerade genau in den Raum, den ich soeben verlassen habe?" Bei den letzten Worten drehte er sich um und rauschte davon.

Newton verzog ärgerlich das Gesicht und schüttelte sich. „Was für ein unangenehmer Zeitgenosse: eitel, engstirnig und gierig."

„Woher kennt Ihr ihn?", fragte George, von Newton sichtlich eingeschüchtert.

„Genau wie ich lehrt auch Wilkins an der Universität", erklärte Newton und legte die Hand auf den Türgriff. „Aber im Gegensatz zu mir denkt er nur an die irdischen Dinge. Er beschäftigt sich lediglich mit den Naturwissenschaften, weil er sich davon Gold, Reichtum und Macht verspricht." Newton drehte sich abrupt um, klopfte an und betrat mit George ein einfaches Zimmer. Ein kleiner Mann in Uniform, der hinter einem schweren Schreibtisch saß, betrachtete seine neuen Besucher spöttisch, lehnte sich in seinem Stuhl zurück und fuhr sich mit einer Hand über seinen ansehnlichen Bauch.

„Mister Isaac Newton", sagte er, zwirbelte an seinem buschigen Schnurrbart und grinste zweideutig. „Wie schön, Sie zu sehen. Und Sie haben noch jemanden mitgebracht."

„Dies ist mein Schüler George", antwortete Newton. „Er wollte sich einen Ausflug in den Tower nicht entgehen lassen."

„Angenehm", erwiderte Mr Townend und nickte George leicht zu. Allerdings sah er dabei überhaupt nicht erfreut aus. Vermutlich hätte er lieber mit Newton unter vier Augen gesprochen.

„Lassen Sie die Formalitäten. Das höfliche Getue glaubt Ihnen sowieso niemand", antwortete Newton und bohrte seinen Gehstock in die Dielen des Holzfußbodens. „Kommen wir direkt zur Sache: Warum haben Sie mich herbestellt?"

Der Wachtmeister richtete sich auf. „Sie wissen, dass Sie sich eines Kapitalverbrechens schuldig machen?"

„Ich bin Wissenschaftler", erklärte Newton mit Nachdruck. „Mit Verlaub, ich arbeite hart und bin mir keiner Schuld bewusst."

George, der neben Newton stand, verfolgte den Wortwechsel mit angehaltenem Atem. Ohne sich zu bewegen, blickte er von einem zum anderen.

„Wie mir zu Ohren gekommen ist, experimentieren Sie nachts heimlich in Ihrem Labor." Der Wachtmeister schlug jetzt so unvermittelt mit der flachen Hand auf den Tisch, dass George zusammenzuckte. „Und zwar mit Quecksilber, Blei und Schwarzpulver! Muss ich noch deutlicher werden?"

Mit einem Satz sprang der Wachtmeister hinter dem Schreibtisch vor und riss die Ärmel von Newtons Jacke hoch. Die Unterarme waren über und über von Narben versehrt. Die Verletzungen waren die Folgen seiner nächtlichen Arbeiten, die das Experimentieren mit gefährlichen Substanzen notwendig machten. Mit einem verächtlichen Schnauben befreite sich Newton aus dem Griff des Wachtmeisters.

„Seien Sie so klug wie Mr Wilkins", zischte der Wachtmeister Newton zu, zog eine Münze aus seiner Hosentasche und hielt sie ihm vor das Gesicht. „Dann werde ich tun, was ich kann, um Sie vor einer offiziellen Anzeige als Alchemist zu schützen. Falls Sie sich nicht, nun sagen wir mal ... erkenntlich zeigen, werden Sie bald im Gefängnis schmoren."

„Mit anderen Worten: Sie wollen Geld von mir. So wie Sie Mr Wilkins erpressen, wollen Sie mich auch aussaugen. Aber um mich einzuschüchtern, brauchen Sie schon handfeste Beweise. Mit Gerüchten, die Ihnen irgendein Hanswurst ins Ohr geflüstert hat, machen Sie mir keine Angst." Dann riss Newton Mr Townend den Silberling aus den Fingern und betrachtete ihn von allen Seiten. „Allerdings hat Mr Wilkins Sie hereingelegt. Diese Münze hier ist nicht das Geringste wert." Dann drückte Newton dem erstaunten Wachtmeister das Geldstück wieder in die Hand und zog eine andere Münze aus seiner Jackentasche. „Selbst einem Dummkopf wie Ihnen muss auffallen, dass mit dem Silberling, den Sie in der Hand halten, etwas nicht stimmt."

Woran erkennt Newton, dass die Münze des Wachtmeisters falsch ist?

Gefährliches Wissen

Eine Stunde später hielt die Kutsche wieder in der Jermynstreet vor einem vornehmen Haus am Rande von Westminster. Es dämmerte bereits, als George und Newton die Wohnung im Erdgeschoss betraten. Nachdem sie in der Diele ihre Mäntel abgelegt hatten, verschwand Newton wortlos in seinem Arbeitszimmer. Offensichtlich wollte er alleine sein, um sich ganz seinen Forschungen zu widmen. George ging in das kleine Gästezimmer, in dem er in den nächsten vier Wochen schlafen würde. Außer einem einfachen Bett, einem Kleiderschrank und einem Sessel befand sich dort ein großes Regal, das mit Büchern vollgestopft war.

George stellte sich ans Fenster und warf einen Blick auf das abendliche London. Die ersten Lichter brannten bereits und es waren nur noch wenige Menschen unterwegs. Frauen brachten ihre Einkäufe nach Hause und Männer verschwanden torkelnd in einem Pub, das schräg gegenüber von Newtons Wohnhaus lag.

Während George überlegte, was er mit dem angebrochenen Abend anfangen könnte, klopfte es an der Wohnungstür. Newton schien so in seine Arbeit vertieft, dass er auch nach dem zweiten Klopfen noch nicht reagierte. Also ging George selbst in den Flur und öffnete.

„Good evening." Ein Mädchen in einem langen grauen Kleid stand im Hausflur. Seine grünen Augen musterten George neugierig. „Meine Mutter schickt mich mit Essen für Mr Newton."

„Hello", grüßte George erstaunt zurück.

„Ich heiße Molly Smith", stellte sich das Mädchen vor und hielt George einen Topf hin, der in ein Küchenhandtuch gewickelt war. George stieg der Geruch von Speck und Möhren in die Nase und er merkte auf einmal, wie hungrig er war.

„Wir wohnen eine Etage über euch", erklärte Molly weiter und wickelte sich eine blonde Haarsträhne, die lose aus ihrer weißen Haube hervorhing, um den Finger. „Meine Eltern sind große Bewunderer von Mr Newton. Manchmal arbeitet er allerdings so hart, dass er die Mahlzeiten vergisst. Deswegen schauen wir ab und zu nach ihm."

Nun war es George klar, woher der schmackhafte Eintopf stammte, den er am Abend seiner Ankunft mit Newton gegessen hatte.

„Ich bin George", sagte George endlich und trat vom Eingang zurück. „Komm doch bitte herein."

Bereitwillig kam Molly näher. „Betrachtet Newton wieder die Planeten?", fragte sie gespannt. „Man sagt, er habe für die Beobachtungen der Himmelskörper einen Apparat erfunden und ihn sogar selbst gebaut. Ich würde zu gerne einmal den Mond und die Sterne aus der Nähe sehen."

George war das Fernrohr, das auf einem Tisch am Fenster von Newtons Arbeitszimmer stand, bereits aufgefallen. Allerdings hatte er sich nicht gefragt, wofür Newton diese merkwürdige Holzkonstruktion brauchte.

„Bestimmt darfst du einmal durch das Fernrohr schauen", sagte George. Er schämte sich plötzlich für sein mangelndes Interesse an Newtons Forschungen. Als Tochter einer einfachen Familie konnte Molly bestimmt nicht die Schule besuchen, während er teuren Privatunterricht bekam. Aber trotz ihrer fehlenden Bildung machte Molly einen aufgeweckten und wissbegierigen Eindruck.

„Niemals würde ich Mr Newton stören!" Molly hob die Hände in die Höhe und winkte entschieden ab. „Seine Studien gehen vor. Er kann seine Zeit doch nicht mit der Erfüllung meiner Wünsche vergeuden."

Diese Auffassung schien George nicht zu teilen. Ohne Mollys Einwand zu beachten, ging er mit dem Topf in der Hand zu Newtons Zimmer, klopfte und öffnete die Tür.

Newton bemerkte ihn erst, als George vor seinem

Schreibtisch stand und sich laut räusperte. „Sir, Molly hat Euch Essen gebracht", sagte er übertrieben deutlich.

„Nicht jetzt", antwortete Newton geistesabwesend. Dabei schrieb er unablässig mathematische Formeln in sein Notizbuch.

George wusste bereits, dass Newton Höflichkeiten als Zeitverschwendung betrachtete. „Sir", sprach er deswegen ohne zu zögern weiter, „Molly möchte durch Euer Fernrohr schauen."

Endlich hob Newton den Kopf und blickte George einen Augenblick verwirrt an. Dann wanderte sein Blick zum Fenster. „Sag ihr, sie soll in zwei Stunden wiederkommen", erwiderte er, als sei Mollys Bitte vollkommen selbstverständlich. „Die Nacht wird klar. Das sind gute Voraussetzungen für astronomische Studien."

Molly, die im Flur gelauscht hatte, sprang vor Freude in die Höhe. Sie durfte die Planeten betrachten! Als George wieder vor ihr stand, wäre sie ihm am liebsten um den Hals gefallen. Nur der Topf, den er immer noch in den Händen hielt, hinderte sie daran.

George und Newton saßen noch in der Küche und aßen die letzten Reste des leckeren Essens von Mollys Mutter, als es wieder an der Tür klopfte. George sprang auf und öffnete. Molly stand mit vor Aufregung geröteten Wangen im Treppenhaus.

„Darf ich reinkommen?", fragte sie nervös.

„Klar", antwortete George, trat zur Seite und rief zu Newton in die Küche: „Es ist Molly. Sie kann es schon kaum mehr erwarten!"

„Molly?", fragte Newton verständnislos zurück. „Was will sie?"

George blickte in Mollys enttäuschtes Gesicht. „Keine Angst, Newton steht zu seinem Wort", flüsterte er ihr zu. „Aber er vergisst einfach alles, was nicht mit Mathematik, Physik oder Astronomie zu tun hat." Dann drehte er sich um und rief laut: „Sir, Ihr habt versprochen, ihr die Sterne zu zeigen."

„Tatsächlich? Ach ja, jetzt erinnere ich mich wieder." Newton kam aus der Küche und eilte zu den beiden. Wortlos winkte er George und Molly mit sich in sein Arbeitszimmer, dessen Eingang von der Diele abging.

„Unbelievable! Ich kann es nicht glauben", rief Molly immer wieder, als sie wenig später durch das Fernrohr schaute. „Der Mond ist so nah! Und die Sterne sind wunderschön!" Auch George war völlig begeistert, als er durch das große Spiegelteleskop blickte. Das schwere Fernrohr wurde von einer Kugel getragen, die lose auf einem Sockel saß, sodass es sich zwischen ihm und Molly hin und her drehen ließ.

„Jedes Mal, wenn ich die Planeten beobachte, wird mir bewusst, wie wenig die Menschen vom Kosmos verstehen." Newton lehnte sich in seinem Sessel zurück. „Was wir wissen, ist nur ein Tropfen. Was wir nicht wissen, ist ein ganzer Ozean."

„Aber Sir", protestierte Molly, „eure Kenntnisse in den Naturwissenschaften sind überwältigend!"

„Das, mein Kind, kannst du nun wirklich nicht beurteilen." Newton schnalzte ärgerlich mit der Zunge.

„Sir, Ihr seid einer der bedeutendsten Gelehrten!" Aufgebracht riss Molly die Arme in die Höhe. Dabei stieß sie mit ihrem Ellbogen einen Apfel von einem kleinen Beistelltisch, der neben ihr stand.

„Wir müssen unsere Umwelt lediglich genau be-
obachten. Du selbst hast uns gerade ein wichtiges
Gesetz der Gravitation gezeigt." Newton schmunzelte,
als er in Mollys und Georges fragende Gesichter sah.
„Der Apfel ist auf den Boden gefallen, weil er von der
Erde angezogen wurde. Die Schwerkraft – man sagt
auch Gravitation – ist die Kraft, die zwischen zwei
Körpern wirkt. Da die Erde mehr Masse hat als ein
Apfel, zieht sie den Apfel an und nicht umgekehrt."
Molly und George saßen wie angewurzelt auf ihren
Stühlen und hörten Newton fasziniert zu. „Genauso
wie die Erde den Apfel anzieht, zieht sie auch den
Mond an."

„Dann ist die Schwerkraft der Erde größer als die
Schwerkraft des Mondes?", fragte George nach.

Newton nickte.

„Weil die Erde mehr Masse als der Mond hat, zieht die Erde den Mond also an", nahm Molly den Gedanken von George auf.

„So ist es." Newton beugte sich nach vorne, schaute einen Moment durch das Fernglas und fuhr dann fort. „Verhielte es sich anders, würde sich der Mond auf einer geraden Linie bewegen. Aber er umkreist die Erde. Anders gesagt: Da die Erde eine Kugel ist, verwandelt sich die Bahn des Mondes durch ihre Anziehungskraft in einen Kreis."

„Die Erde und der Mond sind so weit voneinander entfernt", sagte George und hob den Apfel auf, der vor seine Füße gerollt war. „Wie können sie sich gegenseitig beeinflussen?"

„Nun ja, es handelt sich um gewaltige Massen." Newton schlug sich unvermittelt auf die Oberschenkel. „Aber jetzt haben wir uns genug mit Astronomie und Gravitation beschäftigt. Es wird Zeit, dass ich mich anderen Studien widme."

Newton stand auf und ging zu einem schwarzen Samtvorhang. Er zog ihn einen Spalt auf, sodass eine dahinterliegende Tür sichtbar wurde.

„Es gibt ein weiteres Zimmer in der Wohnung?", fragte George verblüfft.

„Allerdings", erwiderte Newton. „Hinter dieser Tür

befindet sich mein Laboratorium. Aber es bleibt für euch verschlossen, hört ihr? Es reicht, dass ich mit der Gefahr lebe, wegen alchemistischer Studien im Gefängnis zu landen. Je weniger ihr von meinen Experimenten wisst, desto besser ist es für euch."

„Versucht Ihr wieder, aus Blei Gold zu gewinnen?", fragte George weiter, während Molly verständnislos von einem zum anderen blickte.

„Die Kunst der Alchemie umfasst so viel mehr als den Versuch, aus unedlen Stoffen edle Stoffe zu gewinnen. Alles, was wir kennen, alles, was uns umgibt, unterliegt einer ewigen Veränderung. Wir müssen die Gesetze auf Erden verstehen, um Gott näherzukommen." Newton griff zu einem Buch, das neben ihm auf einer Kommode lag, und blätterte suchend darin herum. Dann hielt er George und Molly eine aufgeschlagene Seite hin.

„Seht ihr diese Schlange? Sie beißt sich in ihren eigenen Schwanz." Newton umfuhr mit seinem Zeigefinger das Tier. „Wie bei dieser Schlange, so gibt es auch auf der Welt keinen Anfang und kein Ende, sondern nur den ewigen Kreislauf von Schöpfung und Zerstörung, von Geburt und Tod, von Sein und Vergehen. Wahre Alchemisten beschäftigen sich mit der Unendlichkeit."

„Deshalb seid Ihr die halbe Nacht auf und experimentiert." George verstand langsam die wahren Beweggründe für Newtons verbotene Handlungen.

„Die Verwandlung von Blei in Gold ist nur eine Möglichkeit, den Geheimnissen des Lebens auf die Spur zu kommen", erklärte Newton weiter. Molly und George lauschten mitgerissen und versuchten, die Worte des großen Gelehrten zu verstehen. „Hier, meine jungen Freunde, steht eine Wahrheit, die alle ehrlichen Alchemisten vereint und von den vielen Scharlatanen unterscheidet, die sich in London herumtreiben und aus Habsucht und Unwissenheit irgendwelche Substanzen zusammenbrauen." Newton tippte auf die gegenüberliegende Seite und schmunzelte, als George und Molly sich tief über das Buch beugten.

„Was heißt das bloß?", murmelte George und nahm Newton das Buch aus der Hand, um besser lesen zu können. „Ist das eine Art Geheimschrift?"

? *Was steht auf der Seite?*

Schritte im Treppenhaus

Konzentriert betrachtete George die lang gezogenen, verzerrten Buchstaben.

„Alle ... Wahrheit ... kommt ... von Gott", las er Molly stammelnd vor.

Newton nickte. „So ist es. Aber jetzt entschuldigt mich bitte." Mit diesen Worten schlüpfte Newton hinter den Vorhang und verschwand in seinem Laboratorium. Mit einem lauten Klack fiel die Tür ins Schloss.

„Ich verehre Mr Newton wirklich sehr", sagte Molly und schüttelte verwundert den Kopf. „Aber komisch verhält er sich schon."

George nickte. „Er lebt nur für die Wissenschaft. Ich bin sicher, dass er die Welt mit ganz anderen Augen betrachtet als gewöhnliche Menschen."

„Ich habe das Gefühl, dass er sehr einsam ist." Molly sah sich in Newtons Arbeitszimmer um. Der einzige Gegenstand mit einer persönlichen Note war ein Notizbuch mit den Initialen I. N. Sonst vermittelte der Raum den Eindruck eines geheimnisvollen, fremden Universums mit eigenen Gesetzen, zu dem Fremde keinen Zutritt hatten.

„Sicher wird Newton wieder die ganze Nacht durch-
arbeiten und sein Labor erst morgen früh verlassen."
George, der das dicke Buch immer noch aufgeschlagen in seinen Händen hielt, schlug es zu und legte es
auf die kleine Kommode, die neben dem schwarzen
Samtvorhang stand. „Sieh dir den Umschlag einmal
genauer an", sagte er. Er zeigte auf den Buchdeckel,
auf dem Kringel, Dreiecke und Halbmonde kreisför-
mig angeordnet waren. „Das müssen alchemistische
Symbole sein. So etwas habe ich noch nie gesehen."

„Was für seltsame, geheimnisvolle Zeichen!", staunte
Molly. „Ich kann gar nichts damit anfangen."

„Mir geht es genauso." George zuckte ratlos mit
den Schultern.

„Für heute habe ich genug. Ich muss schlafen."

Molly gähnte und streckte sich. „Es ist sowieso ein Wunder, dass mir meine Eltern erlaubt haben, so spät zu euch zu kommen."

George begleitete Molly durch die Diele zur Wohnungstür, als ihm plötzlich etwas einfiel. „Der Topf! Warte einen Moment, ich hole ihn." George eilte in die Küche und kam kurz darauf wieder zurück. Als Molly ihren Zeigefinger vor den Mund hielt, blieb er einen Augenblick stehen. Dann näherte er sich auf Zehenspitzen der Wohnungstür.

„Psst", flüsterte Molly. „Ich habe Schritte im Hausflur gehört."

George lauschte angestrengt in die Dunkelheit.

„Ich höre nichts", flüsterte er nach einer Weile.

„Merkwürdig! Ich war sicher, dass jemand im Trep-

penhaus ist und die Stufen hinaufschleicht." Molly steckte den Kopf aus der Wohnungstür und sah sich um.

„Du bist hundemüde", sagte George und drückte ihr den Topf in die Hand. „Bestimmt hast du dir irgendetwas eingebildet."

„Tja, vielleicht. Ich kann

mich wirklich kaum noch auf den Beinen halten."
Molly rieb sich die Augen. „Good night!"

George wartete, bis sich die Wohnungstür in der zweiten Etage schloss und er sicher war, dass Molly gut in der oberen Wohnung angekommen war. Dann ging er in sein Zimmer, zog sich rasch sein Nachthemd an, fiel in sein Bett und schlief auf der Stelle ein. In dieser Nacht hatte er einen seltsamen Traum. Er stand in einer Hexenküche und erhitzte auf einem offenen Feuer einen Topf mit Blei. Mit einem Kochlöffel rührte er die zähflüssige Masse um, die sich langsam gelb färbte. Gerade als er das gewonnene Gold in eine Schale gießen wollte, riss George ein fremder Laut aus dem Schlaf. Er fuhr hoch und sah sich benommen um. Hatte er nur geträumt? Oder war er von einem wirklichen Geräusch geweckt worden? Fieberhaft überlegte George, was er tun sollte. Plötzlich fiel ihm sein Gespräch mit Molly wieder ein. Sie hatte doch Schritte im Treppenhaus gehört! Ob sich ein Unbekannter im Haus versteckt hatte, um zu einem späteren Zeitpunkt in Newtons Wohnung einzubrechen? Schnell schlüpfte George in seine Hose, ging zur Tür und öffnete sie einen Spalt. Angestrengt spähte er in die Diele. Dort war niemand zu sehen. Geräuschlos schlich er aus seinem Zimmer hinaus und huschte zu Newtons Arbeitszimmer hinüber. Ein kalter Schauer kroch ihm den Rücken hinauf, als er bemerkte, dass die Tür offen stand. Hatte er sie nicht hinter sich zugezogen, bevor er Molly zur Wohnungstür gebracht hatte? George lauschte, aber um ihn herum war es totenstill. Ob Newton in Gefahr war? Sollte er nach ihm rufen? Aber wenn ein Einbrecher in der Wohnung war, würde er auf diese Art gewarnt. George atmete tief durch. Dann lugte er vorsichtig durch die offen stehende Tür ins Arbeitszimmer. Das schwache Licht einer Straßenlaterne drang durch ein Fenster. George nahm die schattenhaften Umrisse der Möbel wahr. Sein Blick streifte den Schreibtisch, den Sessel und die Stühle, auf denen sie vorhin noch gesessen hatten, und das Fernglas. Er konnte nichts Ungewöhnliches bemerken. Langsam trat George ins Arbeitszimmer, horchte wieder und wagte sich einen weiteren Schritt vorwärts.

Als seine Augen zum Samtvorhang und von dort weiter zur kleinen Kommode wanderten, fing sein Herz plötzlich wie wild an zu rasen. Es hämmerte so stark, dass George nach Atem rang. Er wusste auf einmal genau, dass er sich die Geräusche nicht eingebildet hatte. Es war jemand in der Wohnung. Mühsam versuchte er, seine Angst zu unterdrücken. Wie ein gehetztes Tier schaute er sich um. Er suchte nach einem

Gegenstand, mit dem er sich notfalls verteidigen konnte. Kurz entschlossen griff er nach dem gusseisernen
Kerzenständer, der neben dem aufgeschlagenen Buch
auf der Kommode stand.

*Weshalb weiß George auf einmal, dass sich
jemand in die Wohnung geschlichen hat?*

Überfall in der Nacht

George blickte ein zweites Mal zum Buch. Der Einbrecher musste es in der Hand gehabt und darin geblättert haben. Vermutlich hatte er es als wertlos erachtet und gleichgültig wieder zurückgelegt, bevor er in Newtons Labor geschlichen war.

George bekam eine Gänsehaut, als er den Samtvorhang zur Seite schob. Die dahinter verborgene Tür war nur angelehnt. Hier war der Einbrecher ebenfalls eingedrungen – George war sich sicher, dass Newton sie fest verschlossen hatte. Was war heute Nacht im Labor vorgefallen? Konnte George überhaupt etwas gegen den Einbrecher ausrichten? Er musste es einfach versuchen! Vielleicht wurde Newton bedroht. Mit schweißnassen Fingern umklammerte George den Kerzenleuchter, bevor er die Tür mit einem kräftigen Fußtritt weit aufstieß. Bei dem Anblick, der sich ihm bot, fuhr George erschrocken zurück. Newton lag bewusstlos auf dem Boden. Aus einer Wunde an seinem Hinterkopf floss Blut und um ihn herum bemerkte George zerbrochene Glasscherben. Wahrscheinlich hatte Newton versucht, sich an seinem Experimentiertisch festzuhalten, bevor er niedergeschlagen wurde und anschließend in Ohnmacht gefallen war. Dabei hatte er die wertvollen Tinkturen, die er sorgfältig in Flaschen aufbewahrte, mit zu Boden gerissen.

„Das hat also das Geräusch verursacht, von dem

ich aufgewacht bin", dachte George und stellte den Kerzenleuchter auf einen Stuhl, lief zu seinem Lehrer und kniete sich neben ihn. „Sir!", sagte er erschrocken und schüttelte ihn leicht an den Schultern. „Um Himmels willen! Sagt doch etwas!"

„Was ist passiert?", stöhnte Newton und fasste sich an die Stirn. „Mein Kopf ... er platzt gleich."

„Zum Glück, Ihr lebt!" George zog erleichtert seine Jacke aus und stopfte sie unter Newtons Nacken. „Wartet einen Moment. Ich bin gleich wieder zurück."

Er sprang auf und bemerkte erst in diesem Augenblick, dass das Fenster des Labors offen stand. „So ist der Einbrecher also geflohen. Er ist einfach durch das Fenster auf die Straße gesprungen, was bei einer Wohnung im Erdgeschoss kein Kunststück ist", fuhr es George durch den Kopf. Aber jetzt blieb ihm keine Zeit, darüber nachzudenken. Er musste Hilfe holen. George hastete aus dem Arbeitszimmer, lief aus der Wohnung und rannte die Treppen im Hausflur hoch. Kurz darauf hämmerte er an der Wohnungstür von Molly und ihren Eltern. „Bitte macht auf!", rief er atemlos. „Newton ist verletzt."

Zwei Minuten später standen George, Molly und ihre Eltern im Labor. Gemeinsam stützten sie Newton und brachten ihn in sein Bett.

„Geh wieder nach oben und leg dich schlafen", sagte Mollys Mutter zu ihrem Mann, als sie um Newtons Bett standen. „Du hast morgen einen anstrengenden Tag vor dir und hier bist du doch nur im Weg."

Mr Smith warf noch einen besorgten Blick auf den Wissenschaftler und zog die Schultern hoch. „Vermutlich hast du recht, und bei dir weiß ich Newton in guten Händen."

George brachte Mr Smith zur Wohnungstür, während Mollys Mutter Newtons Wunde säuberte und verband. Dann flößte sie ihm einen Kräutertee gegen die Schmerzen ein.

„Es sieht schlimmer aus, als es ist", erklärte Mrs Smith und strich Newtons Bettdecke glatt. „Er braucht viel Ruhe. Dann ist er bald wieder auf den Beinen."

„Kann ich noch irgendetwas für ihn tun?", fragte George besorgt, als er wieder im Schlafzimmer war.

„Achte darauf, dass er genügend isst", erklärte Mrs Smith und fühlte Newtons Stirn. „Mr Newton besteht fast nur aus Haut und Knochen."

„Was ist überhaupt passiert?" Molly strich mitleidig über Newtons eingefallene Wangen.

„Das wird uns George später erzählen", antwortete Mrs Smith und blickte durch das geöffnete Schlafzimmerfenster. Trotz der Dunkelheit hallten schon die ersten Schritte von Frauen und Männern, die zur Arbeit eilten, auf dem unebenen Kopfsteinpflaster der Jermynstreet wider. „Lasst uns wenigstens noch etwas ausruhen, bevor wir auch wieder an die Arbeit müssen."

Mittags kam Molly herunter und brachte eine heiße Hühnersuppe vorbei. Kaum hatte sich George für das Essen bedankt, platzte sie mit ihrer Frage heraus. „Was ist denn heute Nacht geschehen?"

George erzählte alles der Reihe nach. „Newton geht es gut", sagt er schließlich. „Er liegt zwar noch im Bett, aber ich glaube, dass seine Gedanken schon wieder um irgendwelche Theorien kreisen. Komm mit! Wir versuchen gemeinsam, ihn zum Essen zu überreden."

Kaum standen Molly und George vor dem Krankenbett, richtete sich Newton mühsam auf. Molly rückte die Kissen in seinem Rücken so lange zurecht, bis er bequem aufrecht sitzen konnte.

„Was hat der Einbrecher bloß gesucht?", fragte Newton unvermittelt. „Und hat er gefunden, was er wollte? Was fehlt im Labor?"

„Sir, geht es Euch gut?", fragte George besorgt. „Ihr solltet erst etwas zu Euch nehmen, bevor Ihr über den Einbruch nachgrübelt."

George stellte Newton den Topf mit der Suppe auf den Schoß, während Molly in die Küche ging und kurz darauf mit einem Löffel wiederkam. Gleichgültig aß Newton einige Happen, bevor er seine Gedanken wieder aufnahm.

„Bevor ich ohnmächtig geworden bin, habe ich das Rascheln von Papier gehört. Die einzigen Blätter, die sich im Labor befinden, sind in meinem Notizbuch. Wahrscheinlich hat er es eingesteckt. Also interessiert sich der Täter für die Aufzeichnungen meiner alchemistischen Experimente." Newton fasste sich mit schmerzverzerrtem Gesicht an die Stirn.

„Ihr dürft Euch nicht anstrengen", sagte Molly und überprüfte, ob Newtons Verband noch richtig saß.

„Ihr redet von Eurem Notizbuch mit den Initialen I. N.?", fragte George nach. „Lag das nicht gestern in Eurem Arbeitszimmer?"

„Genau!", antwortete Newton. „Aber ich habe es in der Nacht für meine Experimente gebraucht. Deswegen habe ich es in mein Labor gebracht."

„Habt Ihr in der Nacht noch etwas bemerkt?", fragte George weiter.

„Dann sah ich einen Schatten in der Form eines Halbkreises an der Wand. Das muss eines meiner Destilliergefäße gewesen sein. Ich vermute, der Dieb hat die Schildkröte mitgenommen." Newton stöhnte leise auf.

George und Molly betrachteten den schmalen Mann unter dem hohen Federbett voller Bewunderung. Trotz seiner offensichtlichen Schmerzen war seine Kombinationsgabe so ausgeprägt wie immer.

„Habt Ihr den Mann erkennen können?", fragte George gebannt.

„Nein, er hat mich von hinten überfallen", antwortete Newton und schloss die Augen, um sich die Bilder der vergangenen Nacht besser in Erinnerung rufen zu können. „Ich konnte ihn nicht sehen. Aber da war noch etwas ... noch ein Geräusch. Ja, genau! Der Einbrecher hat die Vitrine aufgeschlossen. Das war das Letzte, was ich gehört habe, bevor alles um mich herum schwarz wurde." Newton schloss erschöpft die Augen. „Wenn ich im Labor bin, lasse ich den Schlüssel einfach im

Schloss stecken. Sonst ziehe ich ihn heraus und trage ihn immer bei mir."

„Was ist denn so wertvoll, dass Ihr es wegschließt?", fragte Molly aufgeregt.

„Quecksilber! Quecksilber ist eine der teuersten Substanzen, die ein Alchemist braucht", antwortete Newton und ließ den Kopf nach hinten auf das Kissen sinken. „Aber warum stiehlt jemand ausgerechnet mein Notizbuch, ein Destilliergerät und Quecksilber? An diesem Punkt komme ich nicht weiter."

„Der Wachtmeister im Tower, wie heißt er noch gleich?" George schaute Newton fragend an.

„Mr Townend", antwortete Newton ungeduldig.

„Genau! Mr Townend zählte die Substanzen auf, mit denen Ihr experimentiert." Auf einmal wurde George ganz hektisch. „Erinnert Ihr Euch? Dabei erwähnte er auch Quecksilber. Ob jemand nach Beweisen sucht, um Euch als Alchemist anzuzeigen und ins Gefängnis zu bringen? Vielleicht ist sogar Mr Townend selbst der Dieb."

„Aber warum?", fragte Newton und hob den Kopf ein wenig hoch, um George besser sehen zu können.

„Na ja, womöglich will er sich an Euch rächen, weil Ihr nicht auf seine Erpressung eingegangen seid."

„Manchmal, mein junger Freund, verblüffst du

mich. Hinter deiner Stirn scheint sich mehr als nur Stroh zu verbergen." Newton schien plötzlich wieder hellwach zu sein. „Ich muss wissen, ob der Einbrecher tatsächlich die drei genannten Gegenstände mitgenommen hat. Außerdem will ich herausfinden, womit mich dieser Wüstling halb totgeschlagen hat." Newton warf die Decke zur Seite und versuchte aufzustehen, sackte aber auf der Bettkante wieder in sich zusammen. „Ich schaffe es nicht. Mein Schwindel ist noch zu stark."

George kam Newton zu Hilfe, steckte seine Beine wieder unter das Federbett und deckte ihn sorgfältig zu. „Bleibt liegen, Sir, und ruht Euch aus. Molly und ich werden im Labor nach dem Gegenstand suchen, mit dem Ihr niedergeschlagen wurdet. Verlasst Euch völlig auf uns!"

Newton seufzte, während George und Molly sein Schlafzimmer verließen. Gemeinsam gingen sie zu Newtons Arbeitszimmer, schoben den Samtvorhang zur Seite und öffneten die Tür zum Labor. In dem Ofen, den Newton für das Schmelzen der Substanzen brauchte, war das Feuer längst erloschen. Nur der Geruch von verbranntem Holz lag noch im Zimmer. Suchend blickten sich die beiden um. Das Labor war vollgestopft mit Tiegeln, Mörsern, Flaschen, Destilliergeräten und

Büchern. Trotz der vielen Geräte herrschte überall eine tadellose Ordnung. Dann meinte Molly: „Ich glaube, ich kenne die Tatwaffe."

Womit wurde Newton niedergeschlagen?

Der Streit

Molly kniete sich auf den Boden. „Der arme Newton", sagte sie, während sie einen eisernen Stößel unter dem Schrank hervorzog, hochhob und betrachtete.

„Damit hat der Täter zugeschlagen", sagte George und schüttelte erschrocken den Kopf.

„Der Einbrecher muss überrascht gewesen sein, dass Mister Newton noch im Labor gesessen hat. Er war bestimmt wie immer so tief in seine Experimente versunken, dass er den Eindringling nicht gehört hat. Wahrscheinlich hat sich der Täter kurzerhand den Stößel geschnappt, der in diesem Mörser war", George zeigte auf ein großes becherartiges Gefäß, das neben der Labortür stand, „und Newton damit bewusstlos geschlagen."

Molly und George suchten auf und unter dem Schreibtisch, den Schränken und Regalen, ob das Quecksilber, das Destilliergerät und das Notizbuch noch im Labor waren. Sie fanden nichts davon.

„Newtons Vermutungen waren also richtig", sagte George, stand vom Boden auf und klopfte Staub vom Hosenbein.

„Natürlich! Sir Isaac irrt sich nie", erwiderte Molly voller Überzeugung. „Ich bin gespannt, was er zu dem Tatwerkzeug sagt."

Newton lag auf dem Rücken und zupfte ungeduldig an seiner Bettdecke, als George und Molly ins Schlafzimmer kamen. „Damit hat der Dieb mich also ohnmächtig geschlagen." Newton nahm Molly den Stößel aus der Hand und betrachtete ihn nachdenklich von allen Seiten. „Nun, wenn er tatsächlich nach Beweisen sucht, um mich wegen meiner Alchemiestudien ins Gefängnis zu bringen, hat er jetzt alles, was er braucht."

„Niemand wird es wagen, Euch zu verurteilen und einzusperren", meinte Molly entschieden.

„Da wäre ich nicht so sicher", erwiderte Newton besorgt. „Es gibt Wissenschaftler, die andere Meinungen vertreten als ich und froh wären, wenn ich nicht mehr forschen könnte. Wie George weiß, war ich ja bereits aufgrund von Anschuldigungen Dritter bei Mr Townend vorgeladen. Allerdings fehlten ihm die handfesten Beweise, um mich festnehmen zu lassen oder zu erpressen."

„Habt Ihr denn einen Verdacht, wer Euch beschuldigt haben könnte?", fragte Molly neugierig.

„Ob unter den Mitgliedern der Royal Society, der Britischen Gelehrtengesellschaft, jemand ist, der mich aus dem Weg schaffen will?" Newton sah nachdenklich aus dem Fenster. „Viele meiner wissenschaftlichen Theorien konnten bisher zum großen Bedauern einiger Kollegen nicht widerlegt werden."

„Was wollt Ihr jetzt tun, Sir?" George blickte mit-
fühlend auf Newton. Sein Gesicht lag auf dem großen
Kopfkissen und wirkte noch schmaler als sonst.

„Einmal in der Woche kommen die bekanntesten
Naturwissenschaftler im Gresham College zusammen
und berichten über ihre experimentellen Forschungen.
Am Mittwoch findet das nächste Treffen statt. Und
ich werde dabei sein. Aber bis dahin muss ich mich
ausruhen, um wieder zu Kräften zu kommen", sagte
Newton, rollte sich auf die Seite und zog die Bettdecke
über seine Schultern.

Newton schlief den ganzen Tag ruhig und fest. Am
nächsten Morgen fühlte er sich bereits bedeutend besser. Mrs Smith brachte Essen, sah nach der Wunde und
wechselte den Verband, während George und Molly
durch die engen Gassen von London streiften. George
staunte über das lebhafte Treiben auf dem Markt und
erfreute sich an den vielen Fährschiffen, die auf der
Themse hin und her fuhren. Auf ihren Streifzügen
überlegten die beiden, wie sie Newton bei der Jagd
nach dem Einbrecher helfen könnten. Sie waren sich
einig, dass er auf keinen Fall allein zu dem bevorstehenden Treffen im Gresham College gehen konnte.
Dafür war er noch viel zu schwach. Also blieb nur eins:

Sie würden ihn begleiten. So vereinbarten die beiden, dass Molly am Mittwochmorgen wie gewohnt Essen vorbeibringen würde. Und Molly würde sich etwas überlegen, um Newton davon zu überzeugen, dass sie beide ihn unbedingt zu dem Treffen begleiten mussten.

„Entschuldigt, Sir. Meine Mutter lässt ausrichten, dass Ihr noch viel zu schwach seid, um allein aus dem Haus zu gehen", flunkerte Molly, als sie am Mittwoch mit George in Newtons Arbeitszimmer stand. „Was ist, wenn Ihr einen Schwächeanfall erleidet und Ihr niemanden habt, der dann schnell Hilfe holt?"

Newton, der einen dunkelroten Halbrock mit Goldknöpfen trug und mit einem aufgeschlagenen Mathematikbuch im Sessel saß, verzog ärgerlich seine Lippen. „Richte deiner Mutter aus, dass es mir gut geht", antwortete er kurz angebunden. George kam seiner Freundin zu Hilfe. „Wir werden Euch begleiten!", sagte er ohne Umschweife. Inzwischen wusste er, dass Newton klaren Aussagen am ehesten zustimmte.

„Wenn ihr das beschlossen habt, werde ich es wohl als Tatsache hinnehmen müssen", erwiderte Newton knapp und sah wieder zum Buch, das auf seinen Knien lag. Aber George bemerkte ein kleines Lächeln um seine Mundwinkel. „Vielleicht freut es Newton doch, dass wir uns Sorgen um ihn machen", fuhr es George durch den Kopf. „Auch wenn er es nicht zugibt."

Eine Stunde später standen George, Molly und Newton auf der Jermynstreet und warteten. „Halt!", rief Newton laut, als eine Kalesche an ihnen vorüberfuhr. „Sind Sie frei?"

„Ja, Sir", antwortete der Kutscher und zog die Zügel an. „Brrr! Wohin soll's gehen?"

„Bringen Sie uns nach Holborn zum Gresham College!", befahl Newton und kletterte die Stufen zum Wagen hinauf. Molly und George folgten ihm und die Pferde trabten gemächlich los. Diesmal nahm George die Straßen mit ihren bunten Geschäften, den fremden Gerüchen und den Lärm der Hauptstadt kaum wahr. Ununterbrochen dachte er an das bevorstehende Treffen im College, an dem die führenden Wissenschaftler Englands teilnehmen würden. George schaute zu Molly, die ihm gegenüber saß und nervös mit ihren Handschuhen spielte, und ihm wurde bewusst, wie vertraut sie ihm in der kurzen Zeit bereits geworden war.

Die ganze Fahrt über sprachen sie kein Wort. Nach einiger Zeit erreichten sie ein mehrstöckiges Backsteingebäude. Nachdem Newton den Kutscher bezahlt hatte, gingen sie durch die hohe Tür des Gresham College und kamen in eine große Eingangshalle. George blickte durch ein Fenster auf eine hohe Kastanie. Ihr Laub, das wie ein Teppich auf der Erde lag, hatte den Innenhof bunt gefärbt.

Ohne irgendetwas wahrzunehmen, wandte sich Newton nach links und eilte einen Gang hinunter. „Bei der Konferenz dürft ihr natürlich nicht dabei sein", erklärte er im Gehen. „Ihr werdet nebenan in der Bibliothek auf mich warten."

„Ja, Sir", erwiderte Molly. Sie hatte überhaupt nicht daran gedacht, bei dem Treffen anwesend sein zu dürfen. Es war schon ein Wunder, dass einem Mädchen überhaupt Zutritt ins College gewährt wurde. Das

war bestimmt nur dem allgemeinen Respekt zu ver-
danken, den Newton genoss. Plötzlich hielt er abrupt
an und öffnete eine schwere Holztür. Newton trat in
die Bibliothek ein und machte Molly und George ein
Zeichen, ihm zu folgen. Dann ging er geradewegs auf
eine weitere Tür links im Raum zu, die von beiden
Seiten von Bücherregalen eingeschlossen war.

„Seht ihr? Dies ist die Verbindungstür. Sie führt
direkt zum Konferenzraum." Newton öffnete sie leise einen Spaltbreit. „So könnt ihr das Gespräch der
Mitglieder der Königlichen Gesellschaft mithören.
Vielleicht bemerkt ihr irgendetwas, das mir entgeht."

„Wir werden die Ohren offen halten, Sir", versicherte
George ernst.

Eilig verließ Newton
wieder die Bibliothek.
Kurz darauf ertönten aus
dem Nebenraum Stimmen.
Die Wissenschaftler tra-
fen nach und nach ein.
Molly und George dräng-
ten sich an den Türspalt,
um einen Blick in das
Nachbarzimmer zu wer-
fen. Gebannt schauten sie

zu, wie vornehm gekleidete Männer ihre Notizbücher auf einen ovalen Tisch legten, der fast die Hälfte des Raums einnahm. Ein Mann mit einem Spitzbart eröffnete die Sitzung und das Murmeln ebbte ab. Eine Diskussion über einen mathematischen Beweis entbrannte, von der George und Molly nicht das Geringste verstanden. Dann gingen die Konferenzteilnehmer zum zweiten Tagesordnungspunkt über.

„Durch meine Experimente mit dem Prisma kann ich nachweisen, dass Licht eben nicht weiß ist, sondern aus den Strahlen verschiedener Farben besteht, verehrter Mr Heeke", sagte Newton gerade zu einem Kollegen in einem eleganten Seidenanzug. „Sehen wir die Farben zusammen, erscheinen sie weiß. Sehen wir sie getrennt, erscheinen sie uns bunt."

„Ihnen fehlen jegliche mathematischen Grundlagen für Ihre Hypothese", konterte Heeke. „Reine Beobachtungen nützen uns gar nichts. Im Gegenteil! Sie führen uns in die Irre."

„Unser geschätzter Kollege Wright vertritt genau meine Meinung, das wissen Sie genau!", erwiderte Newton. „Es ist zu schade, dass er sich für ein Forschungssemester in Deutschland aufhält. Sonst könnten wir Ihnen gemeinsam Ihre Dummheit vor Augen führen."

„Mr Wright ist genauso weltfremd und verbohrt wie Sie", entgegnete Heeke und ballte die Hände zu Fäusten. „Ihre Vermutung, dass Licht weiß ist, scheint absurd. Aber Ihre Aussage, dass Licht aus Teilen besteht, ist geradezu lächerlich."

Newton wich sämtliche Farbe aus dem Gesicht, als er die letzten Worte hörte. „Sie, Mr Heeke, sind lächerlich. Sehen Sie sich doch an! Sie sind nichts als ein aufgeblasener Gockel im Seidenanzug."

Molly schlug sich die Hand vor den Mund. Fast hätte sie laut gelacht. Newtons Beschreibung war wirklich zutreffend! Auch George hielt den Atem an. Derart unbeherrscht hatte er Newton noch nie erlebt.

„Ich warne Sie! Wir werden noch sehen, wer von uns beiden in Zukunft mehr Anerkennung genießen wird", zischte Heeke Newton drohend zu. Dabei stand er so heftig auf, dass er den Stuhl hinter sich umstieß und dieser laut zu Boden fiel. „Mit ungehobelten Grobianen wie Ihnen vergeude ich nicht meine kostbare Zeit. Und jetzt, meine Herren, entschuldigen Sie mich. Ich habe noch eine wichtige Verabredung."

„Jetzt verlässt Heeke den Raum", flüsterte Molly George zu.

„Ob es Heeke ist, der Newton wegen alchemistischer Studien ins Gefängnis werfen will? Einen Grund hat er ja: Newton ist ihm in wissenschaftlicher Hinsicht haushoch überlegen. Und das stört einen so eitlen Menschen wie Heeke bestimmt." George ging zur Ausgangstür der Bibliothek und öffnete sie. „Komm! Wir müssen ihm folgen! Vielleicht finden wir heraus, welche Verabredung so wichtig ist, dass Heeke die Konferenz verlässt."

George und Molly blickten vorsichtig hinaus. Sie sahen Heeke, der den Gang, ohne sich umzublicken, mit raschen Schritten entlanghastete.

„Wir müssen ihm nach", flüsterte Molly, nahm George an der Hand und zog ihn mit sich hinaus. Zusammen huschten sie hinter eine Statue und beobachteten, wie Heeke kopfschüttelnd zum Ausgang eilte. Plötzlich blieb er stehen. Mit aufgebrachter Stimme sprach er auf einen Bibliotheksangestellten ein. Molly und George nickten sich kurz zu. Dann verließen sie ihr Versteck und eilten zur nächsten Büste. Von hier konnten sie das Gespräch besser belauschen.

„Er will zu irgendeinem Treffpunkt an der Themse!", sagte Molly und presste sich ganz dicht an die Marmorfigur. „Aber ich habe nicht verstanden, zu welchem."

„Psst." George, der hinter Molly stand, legte den Finger an den Mund. „Hörst du das? Heeke erkundigt sich nach dem kürzesten Weg zu seinem Ziel."

„Vom College aus gehen Sie südlich, bis Sie auf eine breite Straße treffen. Dann an der St. Paul's Cathedral vorbei Richtung Themse. Dort ist die Brücke", erklärte der Angestellte und zeigte mit seinen Händen auf einen Londoner Stadtplan, der an der Wand neben dem Ausgang hing. Ohne sich zu bedanken, stürmte Heeke zur Garderobe, riss seinen Umhang herunter und schlang ihn wütend um sich.

„Los! Ich weiß, wohin er geht", sagte Molly und

zog George mit sich auf den Gang. Bevor die beiden das College verließen, warf George noch einen Blick auf den Stadtplan. Dann wusste auch er, zu welchem Treffpunkt Heeke eilte.

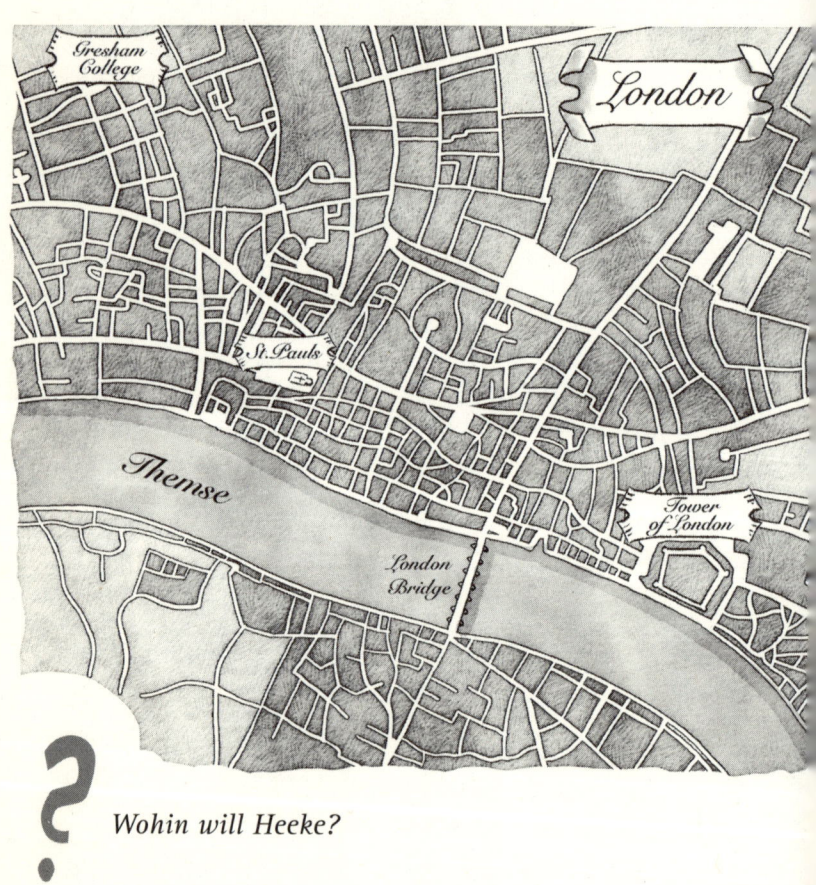

Wohin will Heeke?

Verfolgung in der Dämmerung

„Heeke will also zur London Bridge. Was will er dort nur?", fragte George verwundert und beobachtete, wie Heeke im dunkelroten Umhang zum Ausgang des Gresham College hastete. Molly und George folgten ihm. Sie achteten darauf, genügend Abstand zu halten. Aber Heeke war ohnehin so aufgebracht, dass er nichts um sich herum wahrnahm, als er aus dem Gebäude stürzte. Mit hochgezogenen Schultern und gesenktem Blick schlug er zielstrebig den Kingsway nach Osten ein. Dabei schlugen die Absätze seiner schwarzen Lederstiefel hart auf die Pflastersteine.

„Wo ist er hin?", flüsterte Molly George zu, als die beiden auf der Straße standen und suchend nach rechts und links schauten. Molly fröstelte. Draußen war es bereits dunkel. Nur die Straßenlaternen spendeten etwas Licht und ließen die Fetzen von aufkommendem Nebel unwirklich erscheinen. „Dort hinten ist Heeke. Er ist gerade an der Gerberei vorbeigegangen", antwortete George und flitzte mit Molly hinterher.

„Aus dem Weg!", rief Heeke laut und stieß zwei Trunkenbolde, die ihm entgegenkamen, unsanft zur

Seite. Mit raschen Schritten lief er an den Überresten der St. Paul's Cathedral entlang, die durch den großen Londoner Brand fast vollständig zerstört war und nun mühsam wieder aufgebaut wurde.

„Jetzt läuft er zur Themse." George griff Molly an der Hand. Er führte sie an einer Gruppe Männer vorbei, die auf dem Bürgersteig standen und lebhaft über die gestiegenen Lederpreise redeten. „Schnell, wir dürfen ihn nicht verlieren." George zog Molly weiter. Er warf einen kurzen Blick auf die kunstvoll verzierten Häuser, die vor Kurzem in der Nähe der Themse errichtet worden waren. Molly raffte ihr langes blaues Kleid und stolperte ihrem Freund hinterher.

„Da! Er ist schon am Ufer", sagte Molly aufgeregt. Das Licht der Lampen spiegelte sich im Wasser und brach sich in den Wellen der Themse. Obwohl es Abend war, fuhren noch immer viele Fährschiffe auf dem Fluss, um die Menschen von der Nordseite Londons

zum Stadtteil Southwark zu bringen. Das rege Treiben der Großstadt hörte an den Ufern der Themse auch in der Dunkelheit nicht auf. Händler boten unermüdlich Stoffe, Bernstein und Gewürze an. Zwischen den Ständen stand ein Schaf und blökte laut, während ein entlaufenes Huhn aufgeregt gackerte und über den Kopf eines Kindes hinwegflatterte.

George und Molly zwängten sich durch eine Gruppe dicht gedrängter Männer und Frauen. „Passt doch auf!", rief eine Frau empört, als George gegen ihren Korb stieß und ein Ei auf den Boden fiel. „Hast du keine Augen im Kopf?"

George war vollkommen damit beschäftigt, Heekes Umhang, der ab und an zwischen den herumstehenden und plaudernden Menschen sichtbar wurde, nicht aus dem Blick zu verlieren.

„'tschuldigung", murmelte er kurz angebunden, ohne die Frau anzusehen, die kopfschüttelnd weiterging.

„Wo ist Heeke jetzt?", fragte George und schaute angestrengt in die Menschenmassen. Der Nebel war an der Themse besonders dicht. Weiße Schleier lagen auf dem Wasser und bedeckten die Ufer. „Ich erkenne fast gar nichts mehr."

„Er ist in diese Richtung verschwunden." Molly lief näher zum Fluss und blieb vor einem Steg stehen. Ein Boot, das mit Fackeln beleuchtet wurde, schaukelte sanft auf den Wellen. Zwei schattenhafte Gestalten standen auf dem Deck.

„Das muss Heeke sein", flüsterte Molly George zu und zeigte auf eine der beiden.

„Sieh doch, das ist sein Umhang."

Jetzt ging der Mann wie ein gefangener Panther auf dem Deck hin und her. Als er sich einer Fackel näherte, war Heekes Gesicht für einen Moment deutlich zu erkennen.

„Tatsächlich", murmelte George zurück, ohne den Blick von dem geisterhaften Anblick zu wenden, der sich ihm bot. „Aber mit wem trifft er sich?"

Der andere Mann war klein und gedrungen. Er beobachtete Heeke, wobei er nur seinen Kopf bewegte und ansonsten wie angewurzelt stehen blieb. Es machte den Eindruck, als genoss er Heekes große Anspannung und offensichtliche Erregung.

„Um Himmels willen, was macht Heeke denn jetzt?"
Molly schaute mit offenem Mund zum Boot. Heeke ging
mit schnellen Schritten auf den untersetzten Mann zu,
packte ihn an beiden Schultern und schüttelte ihn hin
und her, bis er ihn endlich abrupt losließ. Der kleine
Mann wurde ans andere Ende des Decks geschleudert
und fand gerade noch rechtzeitig vor einer Fackel sein
Gleichgewicht wieder. Benommen blieb er stehen.

„Denn kenn ich doch", rief George atemlos.

„Du weißt, wer es ist?", fragte Molly erstaunt.

„Das ist ... das ist doch ...", stotterte George.

„Nun sag schon!" Molly stieß ihn ungeduldig in
die Seite.

„Das ist Mr Townend, der Wachtmeister aus dem Tower", entfuhr es George.

„Da, jetzt verlässt Heeke das Boot." Molly zeigte mit dem Finger auf die hohe Gestalt, die vom Deck sprang und auf dem Steg landete. Heeke ging geradewegs auf George und Molly zu. Mit einer schnellen Bewegung fasste George seine Freundin an der Hand und zog sie hinter einen Haufen Müll, der sich an dem Themseufer angesammelt hatte.

„Endlich ist der Nebel mal zu was nütze", dachte George, als Heeke dicht an ihnen vorbeiging und zwischen den Händlern und den Verkaufsständen verschwand.

Molly rappelte sich als Erste wieder auf.

„Komm, weiter!", sagte sie zu George und rückte ihre Haube zurecht. „Oder willst du, dass wir Heeke wieder aus den Augen verlieren?"

„Dort hinten!", rief George Molly zu, stand ebenfalls vom Boden auf und zeigte mit dem Zeigefinger auf den Torbogen, der den Zugang zur London Bridge bildete. „Ich habe ihn zwischen den beiden Männern mit den braunen Hüten gesehen." Sie beschleunigten ihren Schritt und standen einen Moment später selbst atemlos auf der Brücke. Rechts und links der Brücke, die von mächtigen Rundbögen getragen wurde, standen dicht an dicht viele Häuser. In ihnen befanden sich Wohnungen, allerlei Geschäfte und sogar eine kleine Kapelle.

„Wo ist er jetzt nur wieder hin?", fragte Molly und schaute sich um. „Vielleicht ist er in dem Schmuckladen dort verschwunden?"

„Was soll er denn da?", antwortete George.

„Das weiß ich doch auch nicht", antwortete Molly beleidigt und wurde von einem Mann, der einen schweren Sack auf dem Rücken trug, zur Seite geschubst.

„Passen Sie doch auf!" Diesmal lag es an Molly, sich zu beschweren. Doch der Mann ging einfach weiter geradeaus, als habe er nichts bemerkt.

„Verdammt! Wir haben Heeke endgültig aus den Augen verloren." Molly stampfte wütend mit dem Fuß auf.

183

„Er muss irgendwo in unserer Nähe sein", beruhigte George sie. „Wir werden ihn schon wiederfinden."

„Aber wie? Er kann überall sein." Molly zog enttäuscht die Schultern hoch. „Schau dich mal um! Hier steht ein Haus neben dem anderen."

„Wenn er in ein Haus hineingegangen ist, muss er auch wieder herauskommen", meinte George und schaute durch die Fensterläden eines mehrgeschossigen Gebäudes, dessen Außenfassade weit über die Brücke hinausreichte und zur Hälfte über der Themse schwebte. „In Luft auflösen kann sich schließlich niemand."

Langsam gingen sie weiter und suchten die Geschäfte, Eingänge und Hauswinkel nach Heeke ab.

„Ist er das nicht?", fragte Molly und zeigte auf die Schaufensterscheibe eines Bäckerladens. Im Verkaufsraum stand eine große Männergestalt in einem weiten Umhang. Die Verkäuferin reichte dem Kunden einen Laib Brot über die Theke, den er entgegennahm.

„Nein, Heeke trägt schwarze Stiefel und keine braunen Halbschuhe", erwiderte George.

„So ein Mist!", fluchte Molly. „Hoffentlich war nicht alles umsonst."

„Nun gib nicht so schnell auf", versuchte George sie zu trösten und ging weiter über die Brücke Richtung Southwark.

„Wenn Newton bemerkt, dass wir nicht mehr in der Bibliothek sind, ist er bestimmt schrecklich sauer auf uns", warf Molly ein. Sie lief neben ihrem Freund her und versuchte, Schritt zu halten.

„Die Konferenzen sind ewig lang. Newton wird noch gar nicht wissen, dass wir nicht mehr da sind", sagte George und blickte seitlich zu Molly hinüber. Dabei wäre er fast mit dem Kopf gegen einen Laternenpfahl gestoßen. Im letzten Moment wich er aus und stolperte in einen Hauseingang, der durch das schwache Licht einer Laterne beleuchtet wurde. George hielt Molly am Ärmel fest, um sie am Weitergehen zu hindern.

„Warte!", flüsterte George nervös und zog Molly weg. „Ich glaube, wir haben ihn gefunden."

Molly und George pressten sich an die Hauswand und spähten vorsichtig in den Eingang. Heeke stand mit dem Rücken zu ihnen und diskutierte mit einem Mann, der Heeke wild gestikulierend abwehrte.

„Hier haben Sie Ihr Geld zurück!", rief er aufgebracht, griff in seine Jackentasche, zog einen Beutel heraus und öffnete ihn. „Ich will es nicht."

Molly und George hörten Münzen klirrend auf die Pflastersteine fallen.

„Das war so nicht abgemacht", beschwerte sich Heeke und packte den Mann am Kragen. „Sie wissen genau, dass wir etwas anderes vereinbart hatten."

„Ach, lassen Sie mich doch in Ruhe", entgegnete der andere und riss sich aus Heekes Griff. „Weshalb spreche ich überhaupt noch mit Ihnen?"

George und Molly fuhren zurück und drückten sich noch enger an die Wand. Ein Mann mit einer hochtoupierten Perücke schoss aus dem Eingang und lief an ihnen vorbei, ohne sie zu beachten. Schnell lief er die Brücke in Richtung Southwark hinunter.

„Lass uns verschwinden, bevor Heeke seine Münzen aufgesammelt hat und uns entdeckt", flüsterte George Molly zu.

„Aber willst du denn nicht wissen, mit wem sich Heeke getroffen hat?", fragte Molly zurück.

„Das weiß ich auch so", antwortete George und blickte dem Mann nach, dessen Umrisse langsam mit der Dunkelheit verschmolzen.

Wen hat George erkannt?

Das dritte Gesetz

„Das war Wilkins", sagte George zu Molly und starrte weiter den Brückenweg hinunter, obwohl der Mann schon längst verschwunden war. „Ich habe ihn an seiner Perücke erkannt."

„Wer ist denn Wilkins?", fragte Molly erstaunt.

„Als ich Newton in den Tower begleitet habe, trafen wir ihn zufällig auf dem Gang. Er kam gerade vom Hauptwachtmeister Mr Townend, zu dem wir auch mussten. Wilkins ist Alchemist, aber einer von der üblen Sorte", fuhr George fort. „Ihn interessiert die Verwandlung von Materie nur, weil er sich davon Macht und Geld verspricht."

„Das kannst du mir später genau erklären", wandte Molly ein und nahm George an die Hand. „Wir müssen zum Gresham College zurück, bevor sich Newton ernsthaft um uns sorgt." Zusammen machten sie sich auf den Rückweg. Sie liefen durch den Torbogen der London Bridge, durch die sich nun leerenden Gassen und Straßen. Schließlich erreichten die beiden das College und blieben völlig außer Atem vor dem Eingang stehen. Newton kam gerade heraus und wurde zornig, als er George und Molly erblickte.

„Was fällt euch ein?", rief er empört, während er die Treppenstufen hinunterstieg. Dabei schwang er seinen Gehstock wütend in der Luft. „Ich habe das ganze College nach euch absuchen lassen."

„Entschuldigt bitte, Sir, aber wir mussten etwas äußerst Wichtiges erledigen", erklärte George. Newton schnaubte empört und hielt eine vorüberfahrende Kalesche an.

„Etwas äußerst Wichtiges", wiederholte er mit hochgezogenen Augenbrauen. „Da bin ich aber gespannt." Er kletterte in den Wagen und knallte wütend die Tür hinter sich zu. George zögerte kurz, dann öffnete er sie wieder und stieg mit Molly ein. Newton saß in Fahrtrichtung, während Molly und George ihm gegenüber Platz nahmen. Mit knappen Worten erzählte George, was sie auf der London Bridge beobachtet hatten.

„Nun, das klingt tatsächlich interessant", räumte Newton ein. Er warf einen geistesabwesenden Blick auf die vorbeiziehenden Häuser, deren Türen und Fensterläden nachts gut verschlossen waren. „Was haben Heeke und Townend auf dem Boot besprochen? Warum hat Heeke Townend angegriffen? Und wofür hat Heeke Wilkins Geld gegeben? Warum hat Wilkins das Geld nicht angenommen?"

Molly und George zuckten ratlos mit den Schultern.

„Auf diese Frage gibt es vorerst keine Antwort. Dafür fehlen uns die notwendigen Fakten", sagte Newton, stellte den Gehstock zwischen seine Beine und stützte sich mit den Händen auf dem Knauf ab. „Also nutzen wir die Zeit für etwas Sinnvolles. Ich habe euch schon lange nicht mehr unterrichtet."

Anstelle einer Antwort warf George einen Hilfe suchenden Blick zu Molly.

„Weshalb wird die Kutsche, in der wir sitzen, von einem Pferd gezogen?", fragte Newton, während sie über das Straßenpflaster holperten.

„Damit wir vorwärtskommen", antwortete George mit mulmigem Gefühl. Er wusste, dass Newton auf etwas ganz anderes hinauswollte.

„Aber warum muss das Pferd die Kutsche ständig ziehen?" Newtons Augen blitzten.

„Weil wir sonst stehen bleiben", antwortete Molly und rutschte unruhig auf der Bank hin und her.

„Richtig. Aber warum bleiben wir sonst stehen?", bohrte Newton weiter. „Was hindert einen Körper daran, immer weiterzurollen, wenn er einmal in Bewegung ist?"

George und Molly sahen sich verwirrt an. Diese Frage hatten sie sich noch nie gestellt.

„Ich weiß es nicht", gab George nach einigen Momenten des Schweigens und Nachdenkens zu.

„Es gibt einen einfachen Grund, warum die Kutsche nicht ständig weiterfährt." Newton holte ein Taschentuch hervor und putzte sich umständlich die Nase. „Die Reibung", sagte er schließlich und tippte George auf die Schulter. „Die Räder rollen über den Boden und verlieren an Energie. Außerdem bremst der Luftwiderstand einen Körper, der sich bewegt."

„Und wenn der Körper nicht gebremst werden würde?", fragte Molly nach.

„Dann würden wir ewig weiterfahren. Die Pferde müssten uns nicht mehr ziehen, nachdem sie uns einmal einen Anstoß gegeben hätten", sagte Newton. „Übrigens ist es auch eine äußere Kraft, die eine Beschleunigung oder Richtungsänderung eines Körpers herbeiführt."

„Klar!", rief George. „Wenn das Pferd schneller trabt, bewegen wir uns auch schneller. Und wenn das Pferd nach links oder rechts abbiegt, ändert die Kutsche ebenfalls ihre Richtung."

Newton lehnte sich zufrieden zurück. „Nun, meine jungen Freunde, soeben habt ihr die ersten zwei Gesetze der Gravitation verstanden."

Zurück in der Jermynstreet gingen die drei gemeinsam in die Küche, um die Erlebnisse des Tages zu besprechen. Molly stellte eine Schale mit Gebäck auf den Tisch, während George und Newton auf Schemeln an einem kleinen Holztisch Platz nahmen. Danach schenkte sie Tee in drei große Tonbecher und setzte sich zwischen die beiden.

„Also, fassen wir zusammen: Heeke ist ein eitler und ruhmsüchtiger Wissenschaftler, der mir offen gedroht hat und mich aus dem Weg räumen möchte. Am einfachsten wäre es für ihn, wenn er mich der Alchemie bezichtigen könnte und ich im Gefängnis säße." Newton nahm ein Honigplätzchen und biss ein Stück ab. Dann griff er nach seinem Becher und umfasste ihn mit beiden Händen.

„Wilkins interessiert sich aus reiner Habgier für die Alchemie", nahm George Newtons Gedanken auf. „Ist es möglich, dass er der Einbrecher war und Eure Aufzeichnungen gestohlen hat? Ob er vermutet, dass Ihr die Verwandlung von Stoffen bereits beherrscht?"

Anstatt zu antworten, starrte Newton schweigend auf die Tischplatte.

„Und wir wissen immer noch nicht, was Heeke auf dem Boot von Townend wollte", fuhr George fort und stöhnte.

Newton löste sich aus seiner Bewegungslosigkeit, hob den Kopf und blickte George unverwandt an. „Vermutlich verlangt Townend auch von Heeke Schweigegeld", erklärte er. „Er erpresst alle, die heimlich alchemistische Versuche durchführen. Heeke wird wie Wilkins nichts anderes übrig bleiben, als zu zahlen, wenn er nicht wegen eines Kapitalverbrechens angezeigt werden will. Townend muss einen unwiderlegbaren Beweis gegen ihn in der Hand haben." Newton runzelte die Stirn.

„Das klingt einleuchtend", meinte George und nippte an seinem Tee.

„Aber warum treffen sich Heeke und Wilkins heimlich?", fragte Molly und blickte abwechselnd von George zu Newton. „Worüber haben sie auf der London Bridge gesprochen?"

„Das Treffen kann nur einen Grund haben", George verschluckte sich fast vor Aufregung. „Heeke wollte irgendetwas von Wilkins, eine Information oder einen wertvollen Gegenstand, und hat ihm dafür Geld gegeben. Wilkins war zunächst einverstanden und hat Heeke zugesagt. Dann hat er es sich anders überlegt und die Münzen zurückgegeben."

„Wilkins scheint einen kriminellen Charakter zu haben", überlegte Newton, stand unvermittelt auf und ging zum Küchenfenster. Mit dem Rücken zu George und Molly gewandt sprach er weiter. „Unsere gesamten Überlegungen beruhen ausschließlich auf Spekulationen. Wir haben keinerlei Beweise! Vielleicht folgen wir einer völlig falschen Spur und der Streit hatte einen völlig nichtigen Grund." Newton stöhnte unvermittelt auf. „Warum muss sich mein geschätzter Kollege Wright ausgerechnet jetzt in Deutschland aufhalten? Ich würde so gerne mit ihm die Situation bereden."

„Was sollen wir nun tun?", fragte George und fuhr sich verzweifelt durch die Haare. „Wie können wir beweisen, dass Heeke und Wilkins Euch schaden wollen?"

„Wenn sie es überhaupt wollen", wandte Molly ein und rührte nachdenklich in ihrem Tee. „Vielleicht hatte der Einbrecher ganz andere Motive."

„Wir wenden das dritte Gesetz der Schwerkraft an", erklärte Newton entschieden und drehte sich mit einem Ruck wieder zu Molly und George. In seinen Augen glitzerte es wie immer, wenn er von einer Idee überzeugt war.

„Und wie lautet das?", fragte Molly verblüfft.

„Ich werde euch das Gesetz aufschreiben", sagte Newton und ging zur Küchentür. „Damit ihr es nie mehr vergesst. Denn aufgrund dieses Gesetzes werden die Menschen eines Tages sogar zum Mond fliegen." Rasch verließ Newton das Zimmer. George und Molly starrten ihm mit offenem Mund nach.

„Zum Mond fliegen?", fragte George und schluckte. „Habe ich das richtig gehört?"

Molly nickte. „Sir Isaac hat schon sonderliche Einfälle."

Bevor die beiden weiterreden konnten, kam Newton mit einem Zettel zurück, den er George in die Hand

drückte. George blickte auf Newtons kleine undeut-
liche Handschrift und begann mühsam, das dritte
Gesetz der Gravitation zu entziffern.

? *Was steht auf dem Zettel?*

Der Stein
der Weisen

„Ach so, die Buchstaben des Alphabets sind um drei verschoben", rief George auf einmal.

„Richtig!" Newton schmunzelte. „Es handelt sich ja schließlich um das dritte Gesetz der Gravitation."

„Trotzdem, was soll das heißen: actio = reactio?", fragte George und blickte grübelnd auf den Zettel.

„Das heißt, dass eine Aktion eine Reaktion auslöst", erklärte Newton und steckte seine Hände in die Taschen seines dunkelgrünen Halbmantels. Dabei betrachtete er schmunzelnd seine beiden Schüler, die vor ihm auf den Küchenschemeln saßen. „Wenn der Körper A auf den Körper B einwirkt, dann übt der Körper B auf den Körper A ebenfalls eine Kraft aus, die gleich groß und in der Richtung entgegengesetzt ist."

In Georges Kopf arbeitete es fieberhaft und auf Mollys Stirn hatten sich Falten gebildet, so angestrengt dachte sie nach.

„Nun gut", sagte Newton und setzte sich auf den Holzschemel zwischen die beiden. „Ich werde es euch an einem Beispiel erläutern: Wenn ihr einen Schuss aus einem Gewehr abfeuert, entsteht ein Rückstoß."

„Also ist der Schuss die actio und der Rückstoß die reactio", folgerte George.

Newton nickte bestätigend.

„Sir, Ihr sagtet eben, dass Menschen auf den Mond fliegen können", überlegte Molly. „Wie meintet Ihr das?"

„Man muss eine Maschine erfinden, die so viel Energie abfeuert, dass sie durch den Rückstoß vom Boden abhebt. Ähnlich wie bei einem Gewehr muss ein Druck entstehen, der die Maschine zum Mond befördert", erklärte Newton. „Ich bin sicher, dass es den Menschen in ferner Zukunft gelingen wird, andere Planeten zu betreten."

„Aber was hat jetzt das dritte Gesetz der Schwerkraft mit dem Einbruch zu tun?", fragte George ungeduldig und wippte mit seinem Schemel.

„Ganz einfach. Wir müssen etwas unternehmen, das den Täter reizt. Wir werden die actio sein, auf die der Täter reagieren muss." Newton stand auf und ging unruhig durch die Küche. „Wir werden ihm eine Falle stellen."

„Aber wie könnte unsere actio denn aussehen?", fragte Molly nach.

„Ich habe eine Idee", platzte George heraus. „Mit Verlaub, Sir, wenn Ihr Heeke auf eine falsche Spur ..."

In dieser Nacht saßen George, Molly und Newton noch lange zusammen und schmiedeten einen Plan, mit dem sie Heeke aus der Reserve locken konnten.

Am nächsten Morgen fuhren die drei mit gemischten Gefühlen zum Gresham College. In der Nacht waren alle von dem Plan überzeugt gewesen. Aber jetzt zweifelten sie, ob er wirklich funktionieren würde.

Wie am Tag zuvor erreichten sie das College in Holborn in etwa einer Stunde. Der Wind war während der Fahrt stärker geworden und schwarze Wolken hingen über London. Als Newton, George und Molly aus der Kutsche stiegen, fielen die ersten schweren Tropfen. Schnell eilten die drei die Stufen hinauf und waren froh, als sie in der Halle des Gresham Colleges standen.

„Was für ein ungemütliches Wetter. Typisch London", meinte Newton, nahm seinen Hut ab und hängte ihn zusammen mit seinem Wollmantel an die Garderobe.

„Sieh an, Mr Heeke ist auch schon eingetroffen", sagte George und zeigte auf einen roten Umhang.

„Wahrscheinlich sucht er in der Bibliothek nach irgendwelchen Schriften, die seinen Irrglauben belegen, Licht sei weiß." Newton verzog spöttisch das Gesicht. „Mit welchen Stümpern ich mich auseinandersetzen muss ..."

„Sir, für unser Vorhaben ist es ausgesprochen günstig, dass Heeke heute im College arbeitet", wandte George ein, während er und Molly ihre Jacken auszogen.

„Daran musst du mich nicht erinnern." Newton schnaubte abfällig und ging den Gang entlang voraus. George und Molly warfen sich vielsagende Blicke zu und folgten ihm. Als Newton vor der Bibliothek stand, riss er die Tür auf und stürzte hinein. Dann eilte er durch den Mittelgang und ließ seine scharfen Augen an den Regalen entlanggleiten, die links und rechts aufgestellt waren.

„Der ist aber geladen", flüsterte Molly, die mit George in der Nähe der Eingangstür stehen geblieben war. Von dort beobachteten sie, wie Newton den Kopf nach links wandte und Heeke zwischen zwei Regalen heraus auf ihn zutrat.

„Ah, Mr Heeke", hörten sie Newtons Stimme. „Wie schön, Sie zu sehen!"

Molly hielt sich die Hand vor den Mund, um nicht laut loszuprusten. „Newton kann ja richtig höflich sein", sagte sie zu George. Langsam pirschten die beiden sich näher an Heeke und Newton heran, die sich jetzt direkt gegenüberstanden.

„Guten Morgen, Mister Isaac Newton", begann Heeke und steckte seine Hände in die blaue Schärpe,

202

die er um die Hüften gebunden zu einem schwarzen Anzug trug. „Weshalb so förmlich? Das ist doch sonst nicht Ihre Art."

„Sie haben wirklich recht, Verehrtester, falls Sie auf mein Benehmen von gestern anspielen", antwortete Newton und musterte Heeke eindringlich. „Ich weiß zwar, dass dies keine Entschuldigung ist, aber ich war während der Konferenz mit etwas ganz anderem beschäftigt."

„Was bringt Sie denn so aus der Fassung, dass Sie selbst vor persönlichen Beleidigungen nicht zurückschrecken?", fragte Heeke neugierig.

„Nun, einem so vertrauenswürdigen Menschen wie Ihnen kann ich es ja verraten", flötete Newton weiter. „Bei mir ist eingebrochen worden."

Vor Aufregung packte Molly Georges Hand und drückte sie. Jetzt wurde es richtig spannend.

„Was?" Heeke schaute Newton überrascht an. „Was wurde denn gestohlen?"

„Quecksilber und ein Destilliergefäß", begann Newton.

„Quecksilber und ein Destilliergefäß?" Heeke riss die Augen auf. Er konnte seine Verblüffung nicht verbergen. „Sonst nichts?"

„Doch", erklärte Newton ruhig weiter. „Mein Notizbuch ist auch nicht mehr da. Und darin befanden sich, das muss aber wirklich unter uns bleiben, meine Aufzeichnungen zur Verwandlung von Materie."

„Sie haben ... Sie haben tatsächlich", stotterte Heeke, „den Stein der Weisen gefunden? Das Elixier zur Gewinnung von Gold?"

„So ist es", erwiderte Newton. „Aber aus Angst, mit meiner Entdeckung Kriege, Furcht und Terror auszulösen, habe ich es bislang verschwiegen. Ich wollte mit meiner Beweisführung der Transmutation nicht an die Öffentlichkeit."

„Das sind sehr noble Beweggründe." Heeke trat in seinen schwarzen Stiefeln unruhig von einem Bein auf das andere. „Weniger edle Geister hätten sicher anders gehandelt."

„Das ist wohl möglich", antwortete Newton. Selbst aus der Ferne konnten George und Molly die Augen ihres Lehrers aufblitzen sehen. „Aber ein Unglück kommt selten allein."

„Was, um Himmels willen, ist denn noch passiert?", fragte Heeke. Dabei versuchte er, die Wissbegier in seiner Stimme zu unterdrücken, was ihm aber augenscheinlich nicht gelang.

„Ja, es klingt verrückt, aber ich mache mir Sorgen um den Einbrecher." Newton trat einen Schritt auf Heeke zu und senkte seine Stimme. „Ich habe einen Fehler in meinen Aufzeichnungen gemacht. Einen Patzer, der tödliche Folgen nach sich ziehen kann."

„Tödliche Folgen?", fragte Heeke und seine Wangenmuskeln zuckten vor Anspannung. „Wovon reden Sie?"

„Ich war wohl vollkommen übermüdet", fuhr Newton mit gesenkter Stimme fort. „Das ist die einzige Erklärung, die ich für meine mangelhaften Notizen habe."

„Um welchen Fehler handelt es sich?" Heeke hing förmlich an Newtons Lippen.

„Mir ist es unangenehm, einem so talentierten Geist wie Ihnen mein Versagen einzugestehen", fuhr Newton fort. Einen Moment sah George ein verstecktes hämisches Grinsen auf Newtons Lippen. „Wie Ihnen zur Genüge bekannt ist, müssen die Gefäße während des Verwandlungsprozesses gut verschlossen werden, damit keine Dämpfe austreten." Newton rieb sich mit seinem Mittelfinger die Stirn, als ob er angestrengt nachdenken würde, und schwieg einen Moment.

„Das weiß jeder Alchemist", stimmte Heeke ungeduldig zu.

„Ich habe bei der Berechnung der Dichtungsmassen, mit denen die Gefäße versiegelt werden, einen Fehler gemacht. Mein Gedanke war, dass überhaupt keine Dämpfe austreten dürfen", sagte Newton. „Was natürlich ein fataler Irrtum ist."

„Ein Irrtum?" Heeke schaute Newton fassungslos an.

„Die Dämpfe entwickeln sich trotzdem in den

Flaschen und Gläsern. Sie dehnen sich aus, bis sie die Behälter zum Platzen bringen." Newton schüttelte den Kopf, als ob ihn dieser Gedanke verzweifeln ließe. Heimlich blinzelte er jedoch zu George und Molly hinüber, die jedes seiner Worte verfolgten. „Explosionen sind in einem Labor natürlich eine Katastrophe! Wenn in den betreffenden Gefäßen Säuren sind, wird es zu schwerwiegenden Hautverbrennungen des Alchemisten kommen. Verbreiten sich gefährliche Dämpfe, kann der Alchemist Vergiftungen erleiden. Nicht zuletzt können Glassplitter ins Auge geraten, die zur Erblindung führen. Und wenn Gefäße mit so gefährlichen Stoffen wie Schwefelsäure, Salzsäure und Schwarzpulver in die Luft fliegen, kann das ganze Labor in Schutt und Asche verwandelt werden. Wie Sie sehen, verehrter Mr Heeke, besteht Grund genug, sich Sorgen um den Dieb zu machen. Auch wenn er es nicht unbedingt verdient hat."

„Heeke sieht aber plötzlich blass aus", flüsterte Molly George zu und konnte ein leises Kichern nicht unterdrücken.

„Entschuldigen Sie, Mr Newton", verabschiedete sich Heeke und schluckte. „Leider drängt die Zeit. Ich habe noch eine wichtige Verabredung mit Mr Wright. Wir müssen unsere neuesten Beobachtungen über die Planetenkonstellationen austauschen." Heeke drehte sich hastig um und schritt durch den Mittelgang an George und Molly vorbei zum Ausgang.

Dann kam Newton auf die beiden zu. „Unser Plan funktioniert", sagte er und schmunzelte. „Heeke wird uns zu meinem Notizbuch führen."

„Genau!", stimmt George zu. „Warum hätte er Euch sonst auch angelogen?"

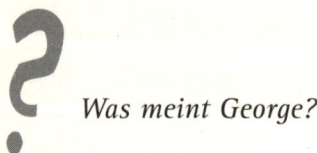 *Was meint George?*

Das geheime Labor

„Wir müssen herauskriegen, wohin Heeke so schnell will", sagte Molly nervös.

„Auf jeden Fall geht er nicht zu Mr Wright", antwortete George aufgeregt. „Der ist für ein Auslandssemester in Deutschland."

„Lauft ihm hinterher", sagte Newton und zeigte mit dem Finger zur Bibliothekstür. „Los! Sonst entwischt er euch."

„Und Ihr, Sir?", fragte Molly. „Kommt Ihr nicht mit?"

„Ohne mich könnt ihr Heeke unauffälliger verfolgen", erwiderte Newton und schob Molly und George zum Ausgang. „Nun macht schon!"

Als George und Molly wieder auf den Treppenstufen vor dem Gresham College standen, sahen sie Heeke, der den Weg zur Pfarrkirche St. Bartholomew einschlug. Molly und George ließen ihn nicht aus den Augen. Diesmal war Heeke jedoch vorsichtig. Er schaute ständig nach allen Seiten, als ob er instinktiv spüren würde, dass ihn jemand beobachtete.

„Er bewegt sich wie ein gehetztes Tier", flüsterte

George, als Heeke sich wieder umdrehte. Schnell versteckte sich George hinter einem Karren, der auf der Straße stand, und zog Molly mit sich.

„Zum Glück sind viele Menschen auf den Straßen", antwortete Molly und duckte sich. „Sonst hätte er uns schon längst entdeckt."

Die beiden verließen ihren Schlupfwinkel, als einige Gerber an ihnen vorbeigingen, und versteckten sich hinter ihnen. So liefen George und Molly weiter durch die überfüllten Gassen von London, bis sie eine heruntergekommene Gegend erreichten.

„Was macht Heeke jetzt?", fragte George gespannt und schielte am Korb einer Frau vorbei, den sie auf ihrer Schulter trug.

Offensichtlich hatte Heeke sein Ziel erreicht. Er stand vor einem schäbigen Backsteinhaus. Die Eingangstür, die nur noch lose in einem Scharnier hing, stand halb offen. Lauernd blickte er nach links und rechts. Als er sich unbeobachtet fühlte, stieß er die Tür auf und verschwand im Haus.

„Er darf uns nicht entwischen", sagte George. Ohne zu überlegen, packte er Molly an der Hand und lief mit ihr zum Eingang. Molly merkte, wie ihr bei der Vorstellung, in das fremde Haus zu gehen, die Angst den Nacken hochkroch. Mit angehaltenem Atem schaute George durch die Tür.

„Niemand zu sehen", sagte er zu Molly.

Einen Moment später standen die beiden in einem verwahrlosten Flur. Der Putz bröckelte von den Wänden und auf dem Boden sammelten sich Müll und Unrat. Das leise Rascheln von aufgescheuchten Ratten ließ Molly und George zusammenfahren. Ein muffiger, stickiger Geruch nach Feuchtigkeit und Verwesung stieg den beiden in die Nase.

Bald darauf stießen sie auf eine geschlossene Tür, die rechts vom Flur abging. George und Molly gingen näher heran und lauschten.

„Hörst du etwas?", fragte George nach einer Weile.

Molly schüttelte den Kopf. „Nichts!"

Langsam drückte George die Klinke herunter, öffnete die Tür einen Spalt und spähte hindurch. Mitten im Zimmer stand ein alter Schrank. Die Schubladen waren herausgerissen und achtlos auf den Boden geworfen worden. Daneben lagen löchrige Säcke, zerbrochene Becher und mottenzerfressene Teppiche.

„Wo ist Heeke hin?", zischte Molly leise. Dann entdeckte sie an der rechten Seitenwand eine weitere Tür, die nur angelehnt war. Plötzlich drang gedämpftes, aufgeregtes Stimmengewirr zu ihnen herüber.

Molly und George spitzten die Ohren. Doch außer einem Murmeln konnten sie nichts hören.

„Wir müssen näher heran", flüsterte George Molly zu. Auf Zehenspitzen betrat er den Raum und schlich zum Schrank hinüber. „Bist du wahnsinnig", wisperte Molly, ging ihm hinterher und zog ihn an seinem Hemdsärmel zurück. „Wenn Heeke aus dem Zimmer kommt, erwischt er uns. Hier können wir uns nirgendwo verstecken."

„Wir müssen es wagen", entgegnete George leise. „Sonst war alles umsonst."

Molly zögerte kurz. „Gut!", willigte sie schließlich ein.

Mit klopfendem Herzen gingen die beiden weiter. Plötzlich stieß Molly mit ihrem Fuß an einen Kerzenleuchter. Es gab einen dumpfen Knall und die beiden erstarrten. Ängstlich warteten sie und ließen die Tür nicht aus den Augen. Aber die Stimmen im Nebenzimmer fuhren unbeirrt fort. Langsam wurde das Gespräch lauter und gereizter. Molly und George schlichen vorsichtig weiter.

„Mr Wilkins, ich habe eben mit Newton gesprochen", hörten sie die aufgebrachte Stimme von Heeke. „Ich warne Sie."

„Ich bin dicht davor, den Stein der Weisen zu entdecken", sagte Wilkins zornig. „Und niemand wird mich daran hindern. Auch Sie nicht."

„Stellen Sie sofort die Flasche mit der Salpetersäure ab", befahl Heeke energisch. „Ich sagte Ihnen doch, dass Newton die Dichtungsmassen falsch berechnet hat. Sie bringen uns beide in Lebensgefahr." Seine Stimme überschlug sich fast vor Aufregung.

George trat dicht an den Türspalt, blinzelte hindurch und sah ein unaufgeräumtes, schmutziges Labor. Auf hohen Regalen, die an allen Wänden des Raumes angebracht waren, standen unzählige Behälter unterschiedlicher Größe. Mitten im Raum war ein Steinofen, auf dem Destilliergefäße standen. Daneben befand sich eine große Spindelpresse zum Auspressen von Heilpflanzen.

Wilkins stand hinter einem Holztisch. Vor ihm ausgebreitet waren verschiedene Schmelztiegel, Schüsseln und Mörser.

„Dies hier", zischte Wilkins und hielt eine braune Flasche hoch, auf der ein Etikett mit einem alchemistischen Zeichen klebte, „wird mir unermesslichen, grenzenlosen Reichtum bringen."

Molly fuhr zusammen, als sie den wahnsinnigen Blick in Wilkin's Augen sah. „Wilkins ist verrückt", flüsterte sie George zu. „Er muss doch denken, dass das ganze Labor in die Luft fliegt, wenn er weiter mit den Gefäßen hantiert. Er setzt sein Leben aufs Spiel, um Gold zu gewinnen."

George nickte abwesend. Er war mit etwas anderem beschäftigt. In dem ganzen Durcheinander hatte

George eine Entdeckung gemacht. Der Beweis, dass Wilkins in Newtons Wohnung eingebrochen war, lag direkt vor ihm.

Was sieht George?

In der Hexenküche

"Auf dem Tisch liegt Newtons Notizbuch!", flüsterte George. Er drehte sich zu Molly, die dicht hinter ihm stand. "Das sind seine Initialen: I. N."

"Sehr schön. Nun haben wir handfeste Beweise, dass Wilkins der Einbrecher war. Aber lass uns von hier verschwinden", schlug Molly vor und ging vorsichtig einige Schritte rückwärts. "Lange wird Heeke nicht mehr in dieser Hexenküche bleiben. Und wenn er gleich herausstürzt, wird er uns entdecken."

Leise huschten die beiden durch das Zimmer, liefen über den Flur und standen bald wieder am Hauseingang.

"Wir müssen Newton sofort erzählen, was wir herausgefunden haben", sagte George ruhelos und rannte los.

Als Molly und George wieder beim College ankamen, unterhielt sich Newton gerade mit einem Kutscher. Er hatte noch einiges zu erledigen gehabt und war auch gerade erst herausgekommen.

"Habt ihr etwas herausgefunden?", fragte Newton, als Molly und George auf ihn zuliefen, und wandte sich dann an den Kutscher. „Warten Sie einen Moment. Wir müssen zunächst etwas klären."

George erzählte mit knappen Worten, was Molly und er erlebt hatten.

„Wilkins ist also tatsächlich bei mir eingebrochen." Newton klopfte George anerkennend auf die Schulter. „Aber die Frage, weshalb er Geld von Heeke bekommen hat, ist noch unklar."

„Wir müssen Wilkins zur Rede stellen", schlug George vor. „Wenn wir ihn im Labor mit Eurem Notizbuch überraschen, wird er den Einbruch nicht länger leugnen können und uns mehr über Heekes Pläne verraten."

„Also gut", sagte Newton entschlossen und stieg in die Kalesche. „Richtung St. Bartholomew. Aber schnell!"

Der Kutscher trieb die Pferde mit der Peitsche zur Eile an. Wenig später hielt die Kalesche vor dem heruntergekommenen Haus, in dem sich Wilkins' geheimes Labor befand.

Diesmal gingen Molly und George zusammen mit Newton durch die morsche Haustür. Dann führten sie ihn weiter durch den verdreckten, muffigen Flur und standen schließlich im Zimmer, das direkt zum Labor führte.

„Hoffentlich ist Wilkins noch da", sagte George nervös.

Ohne zu zögern, ging Newton direkt auf die Labortür zu und stieß sie mit einem Ruck auf. Wilkins fuhr zusammen. Er war so überrascht, dass er fast eine Schüssel fallen gelassen hätte, die er in der Hand hielt.

„Mister Isaac Newton", begann er mit einem maskenhaften Grinsen, wobei er das Zittern in seiner Stimme nicht unterdrücken konnte. „Wie komme ich zu dieser Ehre?"

Newton ließ seinen Blick über die verschiedenen Töpfe und Tiegel gleiten, die vor Wilkins auf einem Experimentiertisch standen. Dann blieb sein Blick auf dem Notizbuch haften, das aufgeschlagen vor dem Alchemisten lag.

„Sie sind in meine Wohnung eingebrochen", begann Newton und zeigte mit seinem Gehstock auf seine Aufzeichnungen. „Mithilfe meiner Experimente und Theorien wollen Sie unedle Metalle in Gold verwandeln."

Wilkins fiel in sich zusammen, als er erkannte, dass er sein Verbrechen nicht abstreiten konnte. „Sir, Ihr Verstand ist unleugbar so scharf, wie behauptet wird. Ich muss zugeben, dass Sie dem Stein der Weisen sehr nahegekommen sind."

„Allerdings." Newton zog eine Augenbraue hoch.

„Da meine Situation ohnehin aussichtslos ist, möchte ich Ihnen wenigstens noch eine Frage stellen dürfen." Wilkins irrer Blick verriet, dass er trotz seiner ausweglosen Lage von der Vorstellung, Gold zu gewinnen, vollkommen gefangen war.

„Nur zu", antwortete Newton.

„Nun, ein Fehler bei den Berechnungen der Abdichtungsmassen ist Ihnen wohl unterlaufen", fuhr Wilkins fort. „Das haben Sie Heeke selbst verraten. Aber trotz intensiven Nachrechnens weiß ich nicht, an welchem Punkt Sie sich geirrt haben."

Anstatt zu antworten, schmunzelte Newton still in sich hinein.

„Heeke ist direkt zu Euch gelaufen, um Euch vor den Folgen von Newtons angeblichem Fehler zu warnen", schaltete sich George jetzt ein. „So hat er uns direkt zu Euch geführt."

„Sind die Aufzeichnungen etwa richtig?" Erschüttert stützte sich Wilkins mit den Händen auf dem Tisch ab. „War das ... war das eine Falle?"

„Genau", erklärte George. „Heeke ist darauf reingefallen. Er wollte Euch davor warnen, dass Ihr und Euer Labor in die Luft fliegen würdet. Wir mussten ihm nur folgen."

„Dann sind die Abdichtungsmassen genau berechnet?", fragte Wilkins erstaunt.

„Natürlich", antwortete Newton. Er hielt eine Flasche hoch, die auf Wilkin's Experimentiertisch stand, und betrachtete ihr Etikett. „Aber mit solch einem Gebräu werden Sie niemals Gold gewinnen. Selbst mithilfe meiner Notizen handeln Sie wie ein törichter und verblendeter Narr."

„Ihr seid also bei Newton eingebrochen und habt sein Notizbuch, das Quecksilber und das Destilliergerät gestohlen", sagte Molly und schaute sich im Labor um. In einem Regal stand ein Gefäß, das sehr an Newtons Schildkröte erinnerte. „Dass Ihr das Notizbuch mitgenommen habt, ist klar. Aber warum das Quecksilber und das Destilliergerät?"

„Quecksilber ist teuer", antwortete Wilkins. „Und ein Destilliergerät, wie es in Newtons Labor stand, hatte ich noch nie vorher gesehen. Ich habe es, ohne zu überlegen, eingesteckt."

„Aber weshalb habt Ihr Euch nachts mit Heeke auf der Brücke getroffen?" George machte einen weiteren Schritt auf Wilkins zu und stand ihm direkt auf der anderen Seite des Tisches gegenüber.

„Das wisst ihr also auch?", fragte Wilkins verblüfft.

„Nach dem Streit im Gresham College sind wir Heeke zur London Bridge gefolgt", erwiderte George ruhig.

„Heeke hat mich beauftragt, das Notizbuch zu stehlen. Er gab mir einige Silbermünzen, damit ich in Newtons Labor einbreche", erklärte Wilkins nun und ließ die Schultern hängen. „Ich brauchte das Geld, weil ich mich durch den Kauf wertvoller Substanzen, die ich für meine alchemistischen Experimente dringend benötigte, hoch verschuldet hatte. Ich schlich mich also in Newtons Labor. Aber als ich merkte, wie kostbar Newtons Aufzeichnungen waren, wollte ich sie behalten. Deswegen gab ich Heeke auf der London Bridge sein Geld zurück."

„Heeke wollte das Buch, um mich wegen Alchemie anzuzeigen. Dann hätte er seine Theorien über das Licht veröffentlichen können, ohne Gefahr zu laufen, dass sie jemand mit einem Gegenbeweis widerlegen würde", sagte Newton wütend.

„Er ahnte nicht, wie wertvoll Euer Notizbuch wirklich ist", sagte Molly und sah Newton ehrfürchtig an.

„Wenn Sie bereit sind, alles, was Sie mir gestanden haben, vor Gericht auszusagen, werde ich bei der Justiz ein gutes Wort für Sie einlegen", sagte Newton zu Wilkins. „Verraten Sie mir noch eins: Was hat Mr Townend eigentlich mit dem Diebstahl zu tun?"

„Mr Townend?" Wilkins schaute Newton ratlos und unsicher an. „Dieser verfluchte Erpresser im Gewand eines Beamten? ... Ich verstehe nicht ... worauf wollen Sie hinaus?"

„Also hatte ich mit meiner Vermutung recht", sagte Newton selbstzufrieden. „Townend wollte auf dem Boot Geld von Heeke."

„Ja, die ständigen Erpressungen machten Heeke so wütend, dass er Townend angegriffen hat", meinte Molly und blickte Newton bewundernd an.

Der nahm das Notizbuch und klemmte es fest unter seinen Arm. „Heeke werde ich vor der Londoner Welt der Wissenschaften als das enttarnen, was er ist: ein alberner Scharlatan."

George grinste Molly an und gab ihr einen leichten Schubs. „Dann ist Mister Newton ja erst einmal beschäftigt und hat keine Zeit, uns mathematische Formeln beizubringen."

„Und wir machen London unsicher", sagte Molly und lachte. „Du wirst sehen, es gibt noch viel zu entdecken ..."

Lösungen

Begegnung im Tower
Auf Newtons Münze steht „King". Auf der Münze des Wachtmeisters hat sich ein Rechtschreibfehler eingeschlichen.

Gefährliches Wissen
Alle Wahrheit kommt von Gott.

Schritte im Treppenhaus
Das Buch auf der Kommode ist aufgeschlagen. George hatte es aber zugeschlagen.

Überfall in der Nacht
Unter dem Schrank liegt ein Stößel.

Der Streit
Heeke will zur London Bridge.

Verfolgung in der Dämmerung
George hat an der hochtoupierten Perücke erkannt, dass es sich um Wilkins handelt.

Das dritte Gesetz
actio = reactio

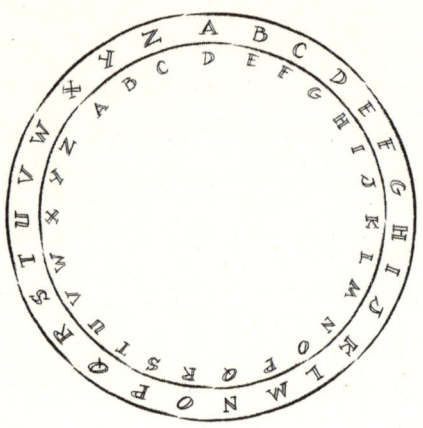

Der Stein der Weisen
Heeke kann nicht mit Mr Wright verabredet sein, weil der für ein Auslandssemester in Deutschland ist.

Das geheime Labor
George hat Newtons Notizbuch mit den Initialen I. N. entdeckt.

Glossar

Alchemie: Zweig der Naturwissenschaften, der von der Chemie abgelöst wurde

Alchemistische Symbole: Zeichen für die wichtigsten Substanzen wie beispielsweise Blei, Eisen, Feuer, Wasser, Salpetersäure

Destilliergefäß: Gerät zur Trennung von Stoffen durch Verdampfung

Dichtungsmasse: eine Art Klebstoff, mit dem Destilliergefäße versiegelt werden

Good night: Gute Nacht!

Good evening: Guten Abend!

Gresham College: eine unabhängige, wissenschaftliche Institution, die 1597 von Thomas Gresham in Holborn gegründet wurde

Hello: Hallo!

Kalesche: vierrädriger Reisewagen mit vier Sitzen

Laboratorium: Zusammensetzung aus dem lateinischen Wort labor (Arbeit) und oratorium (Gebet)

Londoner Brand: Der Brand von 1666 verwüstete große Teile Londons.

London Bridge: Die „Londoner Brücke" war bis zur Mitte des 18. Jahrhunderts die einzige Themseüberquerung. Auf ihr befanden sich zu beiden Seiten Häuser mit Läden und sogar eine Kapelle.

Prisma: geometrischer Körper mit einem Dreieck als Grundfläche, mit dem weißes Licht gebrochen und in seine verschiedenen Farben zerlegt wird

Pub: Kneipe

Royal Society: Königliche Akademie der Wissenschaften, in der die wichtigsten Probleme der Zeit diskutiert wurden. Die Gesellschaft wurde von Robert Hooke geleitet.

Schildkröte: Alchemistische Gefäße trugen oft Namen von Tieren wie etwa Strauß, Wildgans, Bär oder Schildkröte.

Sir: respektvolle Anrede, mein Herr!

Stein der Weisen: Bezeichnung für die Substanz, mit deren Hilfe unedle Stoffe in edle Stoffe verwandelt werden sollten

St. Paul's Cathedral: große Kathedrale, die beim großen Feuer von 1666 vollständig zerstört wurde. Der Nachbau begann 1675 und wurde 1711 fertiggestellt.

Teleskop: Fernrohr, mit dem weit entfernte Objekte und Vorgänge besser beobachtet werden können

Themse: Fluss, der London mit der Nordsee verbindet

Tower: Gebäudeanlage entlang der Themse, die im Mittelalter errichtet wurde

Transmutation: Verwandlung

Unbelievable: Unglaublich!

Zeittafel

4.1.1643	Isaac Newton wird im Dorf Woolsthorpe, Ostengland, geboren.
1651–53	Als Adoptivkind lebt Newton in einer Apothekerfamilie und erhält erste Einblicke in die Alchemie.
1661	Beginn des Mathematikstudiums in Cambridge
1668	Abschluss des Studiums. Newton baut sein erstes Spiegelteleskop.
1670	Newton beginnt seine Lehrtätigkeit in Cambridge.
1672	Newton wird zum Mitglied der Royal Society gewählt und hält Vorlesungen zur Farbe des Lichts. Hooke äußert sich sehr kritisch zu Newtons Theorien.
1679	Newton und Hookes Auseinandersetzungen über die Astrophysik führen zum endgültigen Zerwürfnis der Wissenschaftler.
1687	Newton veröffentlicht die drei Grundgesetze der Bewegung.
1688	Newton wird Abgeordneter im

	Unterhaus. Es folgen längere Aufenthalte in London.
1689	Das Gesetz, Alchemisten des Kapitalverbrechens anzuklagen, wird aufgehoben.
1699	Newton siedelt endgültig nach London über.
1703	Newton wird zum Präsidenten der Royal Society gewählt. In den folgenden Jahren spitzen sich die Auseinandersetzungen mit anderen führenden Wissenschaftlern zu.
31.3.1727	Newton stirbt und wird im Westminster Abbey begraben.

Isaac Newton: ein Universalgenie

Der Mensch Isaac Newton

Isaac Newton wird als zurückgezogener, scheuer Mensch beschrieben, der keinerlei Kritik vertragen konnte. Ein Grund für seine Verschlossenheit liegt sicherlich in seiner Kindheit. Sein Vater war bereits tot, als Isaac zur Welt kam. Als er drei Jahre alt war, heiratete seine Mutter erneut und ließ ihren Sohn bei seinen Großeltern zurück. Als Isaac zur Schule ging, wurde er bei der Familie seines Onkels, der Apotheker war, untergebracht. Dort nutzte Isaac die große Bibliothek, lernte Rezepturen zusammenzustellen und bekam einen ersten Einblick in die Welt der Alchemie.

Wenn Newton in seine Arbeit vertieft war, vergaß er häufig zu essen und zu trinken. Anfang der neunziger Jahre war er völlig verwirrt, was einige Biografen auf seinen Umgang mit gefährlichen chemischen Substanzen zurückführen. Andere Forscher meinen jedoch, dass Newtons schlechte Verfassung psychische Ursachen hatte.

Newton als Alchemist

Newton war nicht nur Physiker, Mathematiker, Astronom und Philosoph, sondern auch Alchemist. Schon seit seiner Jugend beschäftigte er sich mit chemischen Experimenten. Er hielt die Verwandlung unedler Metalle in Gold für möglich und betrieb ein geheimes Labor, in dem er nächtelang Versuche durchführte. Dabei berührte Newton mit bloßen Händen gefährliche Substanzen und atmete Dämpfe von Schwermetallen wie Arsen, Blei und Quecksilber ein. Bei seinen Versuchen stand für Newton immer die Frage nach den geltenden Gesetzmäßigkeiten auf der Erde und im Himmel im Mittelpunkt. Gott war für ihn allgegenwärtig: „Gott währt von Ewigkeit zu Ewigkeit, von Unendlichkeit zu Unendlichkeit, er regiert alles, er kennt alles, was ist oder was sein kann."

Newtons astronomische Studien

Für seine Beobachtungen der Planetenbewegungen konstruierte Newton ein Spiegelteleskop, das bis heute allen großen Fernrohren als Grundlage dient.

Bei seinen nächtlichen Studien fragte er sich, was die

Körper in ihrer elliptischen Bahn hält. Es wird erzählt, dass er die Antwort fand, als ein Apfel neben ihn auf den Boden fiel. Er berechnete die Kraft, die den Apfel auf den Boden zieht, und bewies, dass diese Kraft auch auf den Mond wirkt, sodass dieser seine Bahnen um die Erde dreht.

Newtons Bewegungsgesetze

Newton beobachtete zeit seines Lebens die Sterne. Er erkannte, dass für die Erklärung der Gesetzmäßigkeiten des Weltalls Materie und Bewegung allein nicht ausreichen. Um die Laufbahnen der Planeten zu erklären, muss noch eine weitere Energie dazukommen, die Newton so beschreibt: „Eine Kraft erkennen wir an der Auswirkung auf einen Körper. Sie verändert seinen Zustand der Ruhe oder der gleichförmigen geradlinigen Bewegung."

Stoßen wir zum Beispiel eine ruhende Kugel an, rollt sie durch den Einfluss unserer Energie. Wenn wir eine bereits rollende Kugel seitlich anstupsen, ändert sie ihre Richtung. Dann bewegt sich der Körper nach links oder rechts.

Aufgrund dieser Überlegung entwickelte Newton die Gesetze der Bewegung, die er 1687 in den Mathematischen Prinzipien der Naturphilosophie veröffentlichte:

1. Das Trägheitsgesetz: Ohne äußere Einwirkung bleibt ein Körper in Ruhe. Eine Bewegung bleibt aber für alle Zeit erhalten, wenn sie nicht durch eine Kraft (Reibung) gebremst wird.
2. Das dynamische Gesetz: Durch eine einwirkende Kraft erfährt ein Körper eine Beschleunigung, Verzögerung oder Richtungsänderung.
3. Das Reaktionsprinzip: Eine Aktion löst eine Reaktion aus (Kraft = Gegenkraft). Wenn ein Körper auf einen anderen Körper eine Kraft ausübt, so erfolgt eine gleich starke Reaktion in entgegengesetzter Richtung.

Mit diesen drei Regeln kann jede Art der Bewegung (die Umlaufbahnen der Planeten, Ebbe und Flut, der Fall eines Apfels auf den Boden) erklärt werden.

Newtons Lichttheorie

Newton stellte fest, dass Licht aus einem Bündel vieler Farben besteht und nicht, wie zu seiner Zeit angenommen wurde, weiß ist. Er entdeckte seine Theorie mit einem einfachen Experiment: Er ließ einen Strahl Licht auf ein Prisma fallen und sah, dass sich das ursprünglich weiße Licht in vielen Farben an der Wand spiegelte. Dann stellte er ein zweites Prisma zwischen das erste und die Wand. So erkannte Newton, dass das bunte Licht wieder weiß wurde. Das farbige Licht musste folglich im weißen Licht enthalten sein. Damit hatte Newton die Regenbogen- oder Spektralfarben entdeckt.

Ein Experiment

Schneide aus einem Stück Pappe eine runde Scheibe. Teile die Scheibe in sieben Flächen und male sie in den Regenbogenfarben (Rot, Orange, Gelb, Grün, Indigoblau, Violett) aus. Stecke die Scheibe auf einen Kreisel und drehe ihn. Beobachte, welche Farbe du siehst.

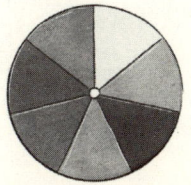 

Bellinda

Alarm im Laboratorium

Illustrationen von Yousun Koh

Ein Täter auf vier Beinen?

Die Wintersonne schien hellgelb und warm durch die Fensterscheiben des Laboratoriums der Universität. Kleine Staubpartikel schwebten schwerelos in den Lichtkegeln des Sonnenscheins. Messgeräte und Kristallgefäße funkelten und glitzerten geheimnisvoll auf den Regalen und Tischen.

Aber die Kinder bemerkten dies nicht. Sie starrten allesamt gebannt auf das Reagenzglas vor ihnen auf dem Labortisch. Es steckte mit der Öffnung nach unten über dem Brenner.

„Und was ist daran so interessant?", fragte der Fremde, der den Kindern über die Schultern sah. Professor Langevin schmunzelte in seinen Bart hinein und ermunterte die Kinder mit einem Augenzwinkern, den Reporter aufzuklären.

Frédéric traute sich als Erster.

„Wir überprüfen, welche Stoffe im Reagenzglas sind. Wenn wir den Brenner einschalten und anschließend ein dumpfes Fump zu hören ist, dann enthält das Glas reinen Wasserstoff. Denn Wasserstoff reagiert auf diese Art mit Luft, wenn er entzündet wird. Wenn aber ein leichtes Pfeifen zu hören ist, dann enthält das Reagenzglas Wasserstoff vermischt mit Sauerstoff", erklärte er und lenkte seine Augen wieder auf das Reagenzglas.

Der Reporter nickte etwas verwirrt und wollte gerade ein Fragezeichen notieren, da ertönte ein ohrenbetäubender Knall.

Irène lachte auf und klatschte in die Hände. Frédéric fiel mit den anderen in ihr Lachen ein.

„Oder aber es gibt einen furchtbaren Wums. Dann weiß man, dass Knallgas im Glas war", gluckste er.

„Knallgas?", flüsterte der Reporter, der plötzlich ganz bleich aussah und um seine Fassung rang.

„Das Rezept ist: Wasserstoff, Sauerstoff und Hitze. Und dann kommt noch viel Luft dazu. Und es macht Bumm", kicherte Frédéric.

„Was in aller Welt machen Sie da?", zischte der Reporter Professor Langevin zu.

Professor Langevin schmunzelte und drehte die Flamme des Brenners aus. „Monsieur, die Kinder sollen durch Experimente mit der Wissenschaft der Chemie vertraut werden."

„Und dafür sprengen Sie beinahe das Laboratorium der Sorbonne in die Luft?"

„Aber nein. Es ist wichtig zu wissen, wie man überprüft, ob Knallgas in einem Behälter ist. Damit es keine schlimmen Explosionen bei größeren Experimenten gibt. So einfach ist das."

Mit einem freundlichen, aber bestimmten „Au revoir, Monsieur Chevallier" komplimentierte er den Reporter hinaus und half dann seinen Schülern bei den Aufräumarbeiten im Labor, denn die Unterrichtsstunde war für heute beendet.

„Heute gibt es noch etwas zu feiern bei dir zu Hause, Irène." Professor Langevin schielte über Irènes Schulter auf ihre Notizen und nickte anerkennend mit dem Kopf. Irène blinzelte gedankenverloren zu ihm hoch.

„Wie meinen Sie das?"

„Du wirst schon sehen", deutete der Lehrer an.

„Professor Langevin, Sie können nicht erst ein

Thema anreißen und uns dann im Ungewissen lassen. Das ist nicht wissenschaftlich!", schimpfte Irène.

Professor Langevin hob lachend die Arme: „Schon gut, schon gut. Ich habe gehört, dass deine Mutter in die Akademie der Wissenschaften aufgenommen werden soll. Sofern sie die Wahl gewinnt natürlich. Aber davon gehe ich aus."

Mit diesen Worten schnappte er seine Unterlagen und eilte zur Tür hinaus. Die Studenten einer Vorlesung erwarteten ihn und er war schon spät dran. Irène konnte nicht glauben, was sie eben gehört hatte, und starrte mit offenem Mund zu Frédéric, der übers ganze Gesicht strahlte.

„Das ist ja wunderbar! Deine Mutter in der Akademie der Wissenschaften!"

„Keine Frau hat das je geschafft."

„Deine Mutter wird es schaffen! Komm, lass uns schnell zu dir nach Hause fahren. Wir müssen ihr die Neuigkeit überbringen!"

Frédéric zog die immer noch baffe Irène von ihrem Stuhl hoch und zur Tür hinaus.

So schnell wie an diesem Tag waren sie wohl noch nie nach Sceaux geradelt. Die kleine Stadt im Südwesten von Paris lag weit entfernt von der Universität.

Zumindest, wenn man sich mit dem Fahrrad zwischen Straßenbahnen, Droschken, Kutschen und Automobilen vorwärtskämpfen musste. Aber heute kam Irène der Weg nur halb so weit vor. Sie flogen beinahe über das Kopfsteinpflaster, und als sie endlich das kleine Haus erreichten, lehnte sie ihr Fahrrad nur unachtsam gegen die Hauswand und stürzte gemeinsam mit Frédéric ins Haus.

Im Salon tummelten sich jede Menge Gäste. Sie standen am Flügel und um den Tisch herum und hatten Gläser in den Händen, mit denen sie sich zuprosteten.

„Wir feiern Maries Kandidatur", lachte Henri Poincaré, der berühmte Mathematiker und Freund ihrer Mutter, mit seiner dröhnenden Stimme, die das ganze Haus zu füllen schien.

Irène waren so viele Menschen etwas unangenehm und so suchte sie den Blick ihrer Mutter. In Marie Curies Augen lag eine Mischung aus Erheiterung und Verzweiflung. Sie mochte den Trubel in ihrem Salon ebenso wenig wie ihre Tochter Irène.

„Mé, das ist wundervoll!", flüsterte Irène und drückte sich an ihre Mutter.

„Erstens bin ich noch nicht gewählt, zweitens nicht besonders an derartigen Auszeichnungen interessiert. Das weißt du doch", antwortete Marie Curie und strich ihrer Tochter übers Haar.

„Aber Mé ...", versuchte Irène einzuwerfen, kam aber nicht weiter, da Elise, das Dienstmädchen, etwas ungestüm zur Tür hereinpolterte und verkündete, dass das Essen aufgetragen würde.

Frédéric war wie jeden Tag im Haus Curie eingeladen, obwohl er im Nachbarhaus wohnte, und quetschte sich auf einen Stuhl zwischen Irène und deren Schwester Eve. Er ließ seinen Blick über die Gäste schweifen und erkannte neben Monsieur Poincaré, Paul Appell, den Dekan der Fakultät, und

Jean Perrin, Professor an der Sorbonne. Nur zwei Leute waren ihm völlig unbekannt.

„Wer ist das?", flüsterte er Irène fragend zu. Doch sie zuckte nur mit den Schultern.

Marie Curie allerdings hatte die Frage aufgeschnappt und stellte den beiden Kindern die Unbekannten vor.

„Das sind Madame Odette Dupont und Monsieur Antoine Roche. Sie sind Wissenschaftler und erst vor Kurzem in Paris angekommen."

Irène horchte auf, während sie Odette Duponts etwas zu breites Lächeln und Antoine Roches schiefes Grinsen mit einem ernsten Kopfnicken quittierte. Es war ungewöhnlich, dass ihre Mutter mehr oder weniger Fremde in ihrem Haus empfing. Nun ja, vielleicht waren sie einfach mit den Gratulanten ins Haus gekommen, dachte Irène und wandte sich an ihre Mutter.

„Wirst du die Auszeichnung annehmen, Mé?"

„Ich ...", weiter kam Marie Curie nicht, denn ein metallisches Scheppern ließ sie und die Gäste zusammenzucken.

„Das kam aus dem Garten", stellte Frédéric fest.

„Bestimmt hat Elise wieder etwas zerbrochen", krähte Eve.

„Ja, sie ist manchmal etwas laut", murmelte Marie Curie, entschuldigte sich bei ihren Gästen und ging hinaus. Irène und Frédéric folgten ihr neugierig.

Marie Curie trat eben in den Garten hinaus, da zischte Didi, der grau getigerte Familienkater, mit einem sehr empörten Miau an ihnen vorbei und raste die Treppe in den oberen Stock hinauf.

Marie Curie schüttelte schmunzelnd den Kopf, bemerkte dann einen umgestoßenen Blecheimer, dazu jede Menge Kartoffelschalen und Gemüsereste, die über den Boden verteilt waren, und meinte lachend: „Ah, Didi hat sich am Abfall vergriffen."

Sie stellte den großen Blecheimer, in dem Küchenabfälle für den Kompost gesammelt wurden, zurück auf die Gartenbank und ging wieder ins Haus. Frédéric wollte ihr folgen, aber Irène hielt ihn zurück.

„Ich glaube nicht, dass das Didi war", sagte sie sehr bestimmt.

? *Warum ist Irène so sicher, dass Didl nicht der Übeltäter war?*

Rätselhafte Botschaften

„Du hast völlig recht!", stimmte Frédéric Irène zu. „Katzen sind an Gemüse oder Kartoffeln nicht sonderlich interessiert und sie wühlen auch nicht gerne im Müll."

„Didi war das mit Sicherheit nicht! Schau mal, an der Türklinke hängt eine Kartoffelschale. So hoch kann Didi nicht springen. Nein, hier stimmt etwas nicht. Wir müssen es Mé erzählen."

Irène strich sich eine Haarsträhne aus dem Gesicht und ging zurück in den Salon. Frédéric ließ seinen Blick noch einmal durch den Garten schweifen, runzelte die Stirn und folgte schließlich Irène.

Irène hatte bereits wieder am Tisch Platz genommen. Die Gesellschaft war in bester Laune, der Vorfall längst vergessen und man trank auf Marie Curie und ihren Erfolg.

Paul Appell erhob sich, stieß mit einem Löffel gegen sein Glas und lachte Marie Curie an, die sichtlich verlegen wurde. „Auf die erste Frau in der Akademie der Wissenschaften!", rief er stolz und übermütig zugleich.

Die anderen Gäste erhoben ebenso ihre Gläser und

prosteten Madame Curie zu. Während sich Frédéric wieder zwischen Eve und Irène setzte, nahm Irène einen schnellen Schluck von ihrem Wasser, um ihre Mutter nicht vor den Kopf zu stoßen. Doch sie zupfte sofort am Ärmel ihres Kleides, kaum dass sie ihr Glas wieder abgesetzt hatte.

„Mé, etwas geht hier nicht mit rechten Dingen zu", raunte sie ihrer Mutter zu.

Marie Curie sah erstaunt zu ihrer Tochter.

„Was meinst du?"

„Didi ist ein Kater. Kater gehen nicht an den Müll."

„Zudem hing eine Kartoffelschale an der Türklinke", stand Frédéric Irène hilfreich zur Seite. „Wie soll die dort hingekommen sein? Didi springt nicht so hoch."

„Und was schließt ihr daraus?", fragte Madame Curie ganz so, als wären sie im Unterricht und sie würde nach der Formel des freien Falls fragen.

„Dass ein Einbrecher hier war", sagte Irène fest.

„Ein Einbrecher?", rief Eve entsetzt. Der Löffel, mit dem sie eben noch die letzten Reste ihres Puddings ausgekratzt hatte, fiel scheppernd in die Schale. Marie Curie runzelte die Stirn, während die lebhaften Gespräche der Gäste abrupt abbrachen. Alle Augen waren auf Madame Curie geheftet.

„Einbrecher in deinem Haus?", fragte Paul Appell etwas beunruhigt.

Madame Curie schüttelte den Kopf.

„Ein Einbrecher? Niemals. Eher eine hungrige Seele auf der Suche nach Nahrung. Es gibt so viele Not leidende Menschen heutzutage. Ich habe es trotzdem nicht gern, wenn man in meinen Garten eindringt. Doch ein Einbrecher ist nichts, wovor man sich fürchten muss. Einem wissenschaftlichen Rätsel nicht auf die Spur zu kommen – das ist es, was einem Angst einjagen sollte!"

Die kleine Eve schien beruhigt und grabschte nach Frédérics Pudding, den dieser unter Protest verteidigte. Paul Appell schob augenzwinkernd seine Schale zu Eve.

„Nun, wir müssen uns
die nächsten Tage einigen
nicht weniger unangeneh-
men Dingen widmen, liebste
Marie", sagte Jean Perrin.
„Du weißt, die Mitglieder
der Akademie stimmen
bevorzugt für den, der
sich auch persönlich bei
ihnen vorstellt."

Madame Curie seufzte. Es schien, als
würde eine kleine dunkle Wolke über ihr Gesicht ziehen. „Ich habe so viel zu tun. Aber ich weiß, es muss
sein."

Paul Appell lachte erleichtert auf. „Es wird sich
lohnen. Wenn du erst in der Akademie aufgenommen
bist, wird man deinem Antrag auf Zuschuss zu einem
eigenen Laboratorium endlich zustimmen. Das ist die
Mühen doch wert!"

„Und das ist genau der Grund, warum ich überhaupt
für die Aufnahme kandidieren möchte. Das eigene
Laboratorium vergrößern, verbessern. Endlich nicht
mehr auf Geld achten zu müssen."

„Nur Edouard Branly steht Ihrer Wahl noch im
Wege. Ein harter Gegner", sagte Antoine Roche, der

sich bislang nur wenig zu Wort gemeldet hatte. Seine Begleiterin Odette Dupont nickte heftig, während sie geziert an ihrem Weinglas nippte.

„Ein berühmter Mann, dieser Branly. Und hoch angesehen. Er lehrt am katholischen Institut und seine Erfindungen waren Meilensteine im Bereich der Funktechnik", holte Antoine Roche aus.

Paul Appell unterbrach ihn ruhig, aber sehr bestimmt: „Maries Forschungen sind weitaus größere Meilensteine für die Menschheit."

Madame Curie schüttelte amüsiert den Kopf über den Einsatz ihres Freundes. Antoine Roche räusperte sich und meinte an Madame Curie gewandt: „Ich wollte Ihre Arbeit nicht herabwürdigen. Im Gegenteil. Ich bin Ihr ehrlicher Bewunderer. Ich selbst habe es noch nicht weit gebracht mit meinen Entdeckungen. Ich spreche keine Fremdsprachen: Das heißt, ich muss bei jeder bahnbrechenden Erfindung aus dem Ausland erst auf die Übersetzung der Bücher warten, um mich zu informieren."

„Auch ich spreche nur Französisch. So wird das auch mit mir nichts", kicherte Odette Dupont. Die anderen Gäste fielen in das Lachen ein und nach einiger Zeit wandten sich die Gespräche wieder anderen Dingen zu.

„Französisch ist eure Muttersprache. Aber Polnisch sollte euch auch immer begleiten. Es ist die Sprache eurer Mutter und ihrer Vorfahren."

Irène beobachtete Eve, die mit krakeligen Buchstaben „Pozniej ide do szkoly" notierte.

Eve war so anders als sie selbst. Viel offener, herzlicher und aufgeschlossener. Gedanken machte sie sich nur wenige. Selbst der Einbrecher von gestern war bereits wieder vergessen. Nicht so bei ihr, Irène. Sie hatte die halbe Nacht damit zugebracht, über den unheimlichen Vorfall nachzudenken. Wer war so frech, einfach so in ihren Garten einzudringen?

„Sluchasz mnie?", fragte Marie Curie und riss damit Irène aus ihren Gedanken.

Irène fühlte sich ertappt.

„Excusez-moi, Mé", haspelte sie.

„Po polsku, prosze!"

„Przepraszam."

„Deine Aussprache wird immer besser, Irène", sagte Marie Curie stolz. „Aber nun müssen wir uns beeilen, wenn wir noch rechtzeitig da sein wollen."

Irène lächelte, denn sie freute sich auf weiteren Unterricht mit ihrer Mutter. An der Tür wartete bereits Mademoiselle Noisette mit einem Regenschirm bewaffnet auf Eve.

„Es wird schneien", stellte Mademoiselle Noisette fest und zwang Eve in einen dicken Mantel. Eve quengelte, ließ sich dann aber doch von Mademoiselle Noisette auf die Straße und Richtung Schule ziehen.

Nachdem Madame Curie und Irène Frédéric aus dem Nachbarhaus abgeholt hatten, rieselten bereits die ersten dicken Flocken und sie beeilten sich, die Straßenbahn zu erreichen. Die beiden Pferde, die die Bahn zogen, schnaubten unter der Last, denn sie war wie jeden Morgen völlig überfüllt. Die nasse Kleidung der Menschen, die dicht an dicht gedrückt standen, dampfte und immer mehr Schnee fiel auf das blank polierte Straßenpflaster.

Als sie schließlich endlich die Sorbonne erreichten, zog Marie Curie den Kopf zwischen die Schultern und hastete weiter. Irène wollte ihr nacheilen, als Frédéric sie am Ärmel festhielt.

„Oh, mon Dieu! Irène, sieh doch nur!"

Irène blieb stehen und bemerkte dann, was Frédéric meinte. Es hatte sich eine riesige Menschenmenge vor der Sorbonne angesammelt. Trotz des starken Schneefalls standen sie in Trauben zusammen und diskutierten lautstark miteinander.

„Mé, warte!", rief Irène.

Marie Curie aber hatte die Menge noch gar nicht wahrgenommen. In Gedanken war sie bereits bei ihrem Unterricht gewesen. Umso erstaunter sah sie nun das große Plakat, das einige Männer demonstrativ in die Höhe hielten.

„Keine Frauen an der Akademie!", stand darauf zu lesen.

Marie Curie wirkte völlig unbeeindruckt.

„Guten Morgen, Madame Curie!"

Ein großer Mann mit breiten Schultern und wallendem Bart drängte sich grinsend an ihnen vorbei. Er tippte lässig an seine Hutkrempe und eilte weiter, während die Menschenmenge in Applaus ausbrach.

„Das war Edouard Branly", flüsterte Frédéric.

„Egal, wir haben anderes zu tun, als uns über diesen

255

Auflauf zu ärgern", meinte Madame Curie bestimmt und sie versuchten, so unauffällig wie möglich durch die Menge in die Universität zu schlüpfen.

„Warte, Irène", murmelte Frédéric und bückte sich, um einen durchweichten Zettel vom Boden aufzuheben.

„Der ist gerade aus der Tasche von einem der Anhänger Branlys gefallen. Aber was soll das bedeuten?"

Kannst du die Geheimschrift entschlüsseln?

Das Experiment

„Madame Curie darf nicht gewinnen. Die Wahl muss verhindert werden!", las Frédéric vor. Seine Stimme wurde mit jedem Wort, das er vorlas, leiser. Auch Irène starrte fassungslos auf das Papier. Eine dicke Schneeflocke ließ sich darauf nieder, zerschmolz und ließ die Tinte verlaufen.

„Schnell, steck den Zettel ein, bevor alles völlig unleserlich wird", meinte Irène mit zitternder Stimme. „Wir müssen ihn Mé zeigen!"

Frédéric schob die Botschaft sorgfältig und mit spitzen Fingern in seine Tasche.

„Da vorne ist Mé", sagte Irène und zog Frédéric mit sich durch die Menge vor der Universität. „Stell dir vor, Mé – man will deine Wahl verhindern!", plapperte sie los, kaum dass sie den Arkadengang erreicht hatten, in dem Marie Curie bereits auf die beiden wartete.

Madame Curie zog die Brauen hoch.

„Aber das ist doch offensichtlich, mon cœur. Diese vielen Menschen hier demonstrieren nicht zum Spaß."

„Das meine ich nicht. Wir haben eine Botschaft gefunden, auf der steht, dass deine Wahl verhindert werden soll", entgegnete Irène beinahe atemlos.

„Dann kann ich es auch nicht ändern. Sollen sie mich eben nicht wählen. Alles, was zählt, ist die Arbeit. Und der Unterricht", sagte Marie Curie schließlich fröhlich.

Irène warf Frédéric einen verzweifelten Blick zu, während sie hinter ihrer Mutter in die Universität gingen. Frédéric zuckte nur hilflos mit den Schultern.

Lächelnd und ganz so, als wäre überhaupt nichts Erwähnenswertes geschehen, ging sie im Klassenzimmer zu ihrem Pult. Sie strich sich eine Strähne aus dem Gesicht und öffnete ihre Mappe.

„Lasst uns jetzt ein Experiment durchführen."

Irène und Frédéric folgten mit den anderen Madame Curie an den Labortisch. Marie Curie goss zu aller Überraschung nur Wasser in einen Glaskolben, setzte diesen auf den Brenner und zündete die Flamme an.

„Wir kochen Wasser?", fragte Irène etwas irritiert.

„Wir kochen Wasser, ja", antwortete ihre Mutter leise und mit amüsiertem Unterton. Sie wartete, bis sich Bläschen auf der Oberfläche des Wassers bildeten, und stellte dann den Brenner aus. „Die Frage ist, wie halten wir das Wasser nun möglichst lange warm?"

Diese Aufgabe klang wie ein Kinderspiel. Fast hätten Irène und Frédéric aufgelacht, doch bald schon sahen sie sich wie die anderen vor einem schier unlösbaren Problem. Komplizierte Verfahren wurden aufgegriffen und wieder verworfen. Die absurdesten Dinge wurden besprochen und schließlich wieder fallen gelassen. Das meiste schien undurchführbar. Und das Wasser kühlte immer weiter ab.

„Man könnte den Kolben in Wolle einpacken. Wolle hält warm. Sagt meine Mutter immer, wenn ich Wollsocken anziehen soll", murmelte Frédéric gedankenverloren und starrte dabei auf den Kolben.

Die Klasse brach in Lachen aus. Irène kicherte.

So verstrich die Zeit. Um zwei Uhr war der Unterricht zu Ende, die Aufgabe aber immer noch offen.

„Was hättest du gemacht, Mé?", fragte Irène schließlich.

„Ich hätte einen Deckel genommen", antwortete Marie Curie schlicht.

Frédéric schlug sich mit der flachen Hand gegen die Stirn, Irène schüttelte ungläubig den Kopf wie auch einige ihrer Klassenkameraden. Ja, so einfach konnte ein Experiment sein! Sie hatten schlichtweg zu kompliziert gedacht.

„Halt! Niemand verlässt den Raum!"

Marie Curies Stimme wurde nie laut. Aber an ihrem Klang war sehr gut zu erkennen, wann sie böse wurde. Und das war jetzt der Fall. Irène sah hoch. Die Wangen ihrer Mutter waren leicht gerötet, die Augen funkelten zornig.

„Sagt mir nur ja nicht, dass ihr nachher noch sauber gemacht hättet. Oder morgen. Oder bei der nächsten Unterrichtsstunde! Man darf ein Labor niemals unordentlich oder gar schmutzig zurücklassen! Wissenschaft ist exakt. Und genauso exakt muss ein Labor aufgeräumt werden."

Die Kinder, die bereits zur Tür hinausstürmen wollten, kamen zerknirscht zurück und machten sich daran, den Labortisch zu säubern. Als sie endlich fertig waren, stürmten sie nach Hause. Madame Curie machte sich jedoch mit Frédéric und Irène auf ins Quartier Latin.

„Ach, wie ärgerlich", entfuhr es Marie Curie plötzlich. „Ich habe mein Notizbuch im Labor in der Rue Cuvier vergessen. Aber meine nächste Unterrichtsstunde beginnt gleich. Könntet ihr das Buch für mich holen?"

„Natürlich, Mé!"

Sie verabschiedeten sich und gingen eilig in die Rue Cuvier, in der das Labor lag. Der Nachmittag war so grau und nebelverhangen, dass man meinen konnte, die Dämmerung hätte bereits eingesetzt. Irène blickte zum Labor, während sie darauf zugingen.

„Gerade hat jemand das Licht im Labor ausgeschaltet", stellte sie fest.

„Wird wohl Maurice sein. Er arbeitet genauso viel wie deine Mutter", entgegnete Frédéric und stellte den Kragen seiner Jacke auf. Es wurde frisch und die feuchte Kälte kroch ihm in die Glieder.

Irène nickte stumm. Ja, Maurice, der Neffe ihrer Mutter, war wirklich genauso strebsam wie sie. Er würde es eines Tages weit bringen!

Der Schneefall setzte wieder stärker ein und die beiden huschten flink wie Mäuse in das Gebäude und eilten ins Labor. Es war eisig kalt im Raum und Frédéric konnte es kaum erwarten, wieder nach draußen zu kommen. Irène drehte das Licht an und erstarrte. „Wir müssen vorsichtig sein. Hier stimmt etwas nicht", flüsterte sie und sah Frédéric erschrocken an!

Was ist Irène aufgefallen?

Noch mehr Fragen

„Maurice ist bestimmt nur kurz weggegangen", versuchte Frédéric sie zu beruhigen.

„Nein. Selbst dann würde er den Platz nicht so verlassen. Du weißt doch, wie böse Mé wird, wenn man einen Laborplatz unordentlich verlässt. Selbst wenn Maurice nur eine halbe Stunde weg ist – er hätte dieses Chaos niemals hinterlassen!", meinte Irène sehr bestimmt, während sie grübelnd auf den Labortisch sah. „Das ist sehr seltsam", murmelte sie schließlich.

„Aber wer außer Maurice sollte hier gewesen sein?", fragte Frédéric, während er ebenfalls den Tisch musterte. Er war wirklich enorm unordentlich. „Vielleicht die Anhänger Branlys?", überlegte er weiter. „Um etwas zu finden, womit man deiner Maman schaden kann?"

„Aber was denn? Das ergibt doch keinen Sinn!", erwiderte Irène leicht verzweifelt. Das hier schien wie das unlösbare Rätsel Albert Einsteins. Frédéric war ebenso ratlos. Er ließ seinen Blick durch das Labor schweifen. Brenner, Reagenzgläser, Glaskolben und Kristalle in Gläsern standen wohlsortiert in den Regalen. Eine Curie-Waage schimmerte im dämmrigen

Licht. Physikalische Apparate und weitere Messgeräte waren auf dem Tisch aufgebaut. Alles schien äußerst ordentlich und wohldurchdacht sortiert oder zur Seite geräumt zu sein. Die Unordnung auf dem Tisch stach dadurch noch mehr ins Auge.

„Nun, wenn jemand ihre Forschungsergebnisse als die eigenen ausgeben will?"

„Aber das würde Branly niemals machen!", entfuhr es Irène. Ein Wissenschaftler seines Ranges würde sich auf diese Art geistigen Diebstahls nicht einlassen. Das würde seiner Ehre völlig widersprechen.

„Er nicht. Aber seine Anhänger vielleicht?", sagte

Frédéric. Sicher war er sich allerdings auch nicht. So dreist waren doch selbst Branlys Anhänger nicht. Oder doch?

„Momentan forscht Maman an den chemischen Wirkungen radioaktiver Elemente. Für wen könnte das von Bedeutung sein?"

„Außer der halben Welt – für niemanden", entgegnete Frédéric ironisch. Marie Curies Forschungen wurden rund um den Erdball mit größtem Interesse verfolgt. Anfragen aus den entferntesten Ländern der Welt kamen, Fragen rund um die radioaktiven Elemente wurden gestellt, neueste Forschungsergebnisse begierig aufgenommen. Insofern war momentan tatsächlich die halbe Welt verdächtig, hier im Labor geschnüffelt zu haben.

„Ich weiß", seufzte Irène, stutzte dann und sah zu Frédéric. „Was, wenn jemand die Forschungsergebnisse verfälschen will? Um Mé um ihren guten Ruf zu bringen?"

„Dann wären wir wieder bei Branlys Anhängern", sagte Frédéric trocken.

„Richtig."

„Wo ist eigentlich das Notizbuch deiner Maman? Deshalb sind wir doch hergekommen? Es wird doch nicht ...?" Frédéric stellte die Frage nicht zu Ende. Nicht auszudenken, wenn das wertvolle Buch gestohlen worden wäre! Aber Irène lachte nur leise auf.

„Maman versteckt es immer. Deshalb vergisst sie es auch manchmal im Labor. Sieh her."

Irène deutete auf den kleinen Schreibtisch, der in der Ecke des Labors stand. Etwas windschief und wackelig war er trotzdem eines der Lieblingsstücke ihrer Mutter. Und er besaß ein Geheimfach, das sich durch Drücken an der Unterseite der Schreibtischplatte mit einem leisen ‚Klack' öffnete. Frédéric staunte und Irène zog das wertvolle Notizbuch aus dem Fach.

„Sollen wir noch aufräumen, bevor wir gehen?", fragte Frédéric.

„Na, das wäre wohl angebracht. Hier sieht's ja furchtbar aus!"

Irène und Frédéric fuhren herum. Maurice war eben hereingekommen und starrte ziemlich verblüfft auf den Labortisch.

„Was habt ihr denn hier gemacht?"

„Nichts. Wir haben nur Més Notizbuch geholt. Wir haben sogar kurz überlegt, ob du für die Unordnung verantwortlich bist."

„Auf keinen Fall. Nein. Also, glaube ich zumindest", murmelte Maurice.

„Bist du auch eben erst gekommen?", fragte Frédéric neugierig.

Maurice nickte.

„Ja, ich musste einige Proben zur Post bringen. Ich war mir nicht sicher, ob ich genug Geld bei mir habe. Und habe die ganze Zeit nachgerechnet, wie viel das Porto wohl kosten würde. Vielleicht war ich so in Gedanken, dass ich den Tisch ganz vergessen habe? Obwohl ... Ach, ich weiß es einfach nicht."

Maurice wirkte so erschüttert und nachdenklich zugleich, dass Irène und Frédéric schmunzeln mussten. Ja, Maurice war der geborene Wissenschaftler. Brillant, um nicht zu sagen genial, aber so durcheinander, dass er manchmal zwei verschiedenfarbige Socken anzog.

Schließlich halfen sie Maurice, die Unordnung zu

beseitigen und machten sich wieder auf den Weg zur Universität. Der Schnee rieselte weiter vom Himmel und dicke Flocken setzten sich unaufhörlich auf die Pflastersteine und machten sie so rutschig, dass sie meinten, sie hätten Eislaufschuhe angeschnallt.

„Wir sind uns doch einig, dass Maurice den Tisch nicht unordentlich verlassen hat", sagte Frédéric schließlich und blieb abrupt stehen. Der Schnee war ihm augenblicklich egal. Das Wasser troff aus seinen Haaren, lief in kleinen Bächen über seine Wangen den Hals hinunter und in den Hemdkragen hinein. Aber er achtete nicht darauf. Ihm war plötzlich etwas Beunruhigendes eingefallen.

„Was meinst du?", fragte Irène.

„Wenn Maurice bei der Post war – dann war noch jemand mit uns im Labor. Und dieser Jemand hat das Licht ausgedreht, als wir gerade ankamen."

„Stimmt", sagte Irène und sah schlagartig gar nicht mehr amüsiert aus. Sie blinzelte eine Schneeflocke aus den Wimpern. „Frédéric, wir müssen herausbekommen, wer der oder die Täter waren." Sie wollten eben in den Eingang der Universität laufen, als Irène einen Zeitungsjungen entdeckte, der eine druckfrische Ausgabe anpries. Er hatte sich unter das Vordach eines Blumenstandes zurückgezogen, hielt eine Zeitung in die Höhe und rief: „Marie Curie – eine Frau darf niemals an die Akademie! Lesen Sie die neuesten Nachrichten im Excelsior!"

„Geht das schon wieder los?", stöhnte Frédéric.

Irène achtete nicht auf ihn, sondern starrte wie gebannt zu dem Zeitungsjungen, um den sich beinahe augenblicklich eine Menschentraube bildete.

„Sie stürzen sich wie die Geier darauf", sagte Irène bitter.

„Es können auch Anhänger deiner Maman sein, die sich informieren wollen", erwiderte Frédéric sanft. „Sieh doch nur, Odette Dupont und Antoine Roche sind auch dort. Und der Reporter, der gestern bei uns im Unterricht war – Gustave Chevallier."

„Und wer sagt, dass sie keine Gegner sind?", fragte Irène, stutzte und rief empört aus: „Und jetzt unterhalten sie sich mit Branlys Anhängern! Ich kenne die drei Männer vom Sehen. Ich weiß, dass sie Studenten von Branly sind!"

„Nun, dann fragen wir sie doch einfach", sagte Frédéric harmlos und steuerte geradewegs auf Odette Dupont, Antoine Roche und den Journalisten zu. Irène stolperte hinter ihm her. Sie würde auf keinen Fall mit den Fremden sprechen! Aber da Frédéric natürlich von ihrer Schüchternheit wusste, nahm er die Sache in die Hand.

Gerade als er an die Gruppe herangetreten war, machte Gustave Chevallier kehrt und verschwand in der Menge. Aber Odette Dupont und Antoine Roche waren noch da. Frédéric nahm all seinen Mut zusammen, deutete eine Verbeugung an und sagte: „Wir dachten, Sie stünden auf Madame Curies Seite?"

Odette Dupont fuhr zusammen und Antoine Roche sah für einen Moment sehr ungehalten aus, erkannte dann aber Frédéric und sein Gesicht hellte sich auf. „Das tun wir auch! Trotzdem möchten wir wissen, was los ist. Man muss immer informiert sein. Über alles", erklärte er und zwirbelte seinen Schnurrbart.

„Richtig. Seit Stunden schon stehen wir hier vor der Universität und beobachten die Vorgänge", fügte Odette Dupont hinzu.

Frédéric lächelte, wandte sich Irène zu und flüsterte: „Das kann nicht stimmen."

Warum kann Odette Duponts Aussage nicht stimmen?

Geheimnisse

„Warum lügen die beiden? Sind sie etwa doch Anhänger von Branly?", fragte Frédéric, während er Odette Dupont und Antoine Roche hinterhersah. Bald verschwanden sie in der Menge. Nur Antoine Roches hoher Zylinder war noch auszumachen.

„Wir müssen mehr über sie herausfinden", befand Irène.

Die beiden nickten sich entschlossen zu und sausten durch die Arkaden in den Eingang der Sorbonne. Während Irène ihrer Mutter das Notizbuch brachte, machte sich Frédéric auf die Suche nach den Menschen, die ihnen eventuell Auskunft geben konnten. Zu dieser Stunde fanden noch Vorlesungen statt und nur wenige Studenten hielten sich in den breiten Korridoren auf. Frédéric eilte, so schnell er konnte, die Gänge entlang. Mit seinen nassen Schuhen schlitterte er über den marmornen Boden und seine Schritte hallten im Gewölbegang wider. Aus einem der Vorlesungssäle drang lautes Lachen und aus dem nächsten hörte er, wie die Studenten rhythmisch auf die Tische pochten, um ihrem Professor Beifall zu spenden. Immer wieder sah er suchend um sich, entdeckte aber kein bekanntes

Gesicht. Gerade als er aufgeben wollte, bemerkte er Paul Appell und Jean Perrin, die an einem der Fenster standen. Endlich jemand, den er fragen konnte! Er überlegte noch, wie er sich am geschicktesten an die beiden heranpirschen sollte, da hatte ihn Paul Appell auch schon entdeckt. Er winkte Frédéric zu sich.

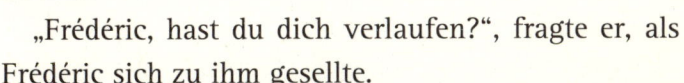

„Frédéric, hast du dich verlaufen?", fragte er, als Frédéric sich zu ihm gesellte.

„Nein, Monsieur. Keineswegs. Eigentlich habe ich ... Sie gesucht", antwortete Frédéric und wurde rot dabei. Paul Appell war nicht nur von Statur und Größe ein mächtiger Mann, er war schließlich der Dekan der Fakultät. Trotzdem musste er mit ihm sprechen!

„Mich gesucht?", hakte Paul Appell verwundert und amüsiert zugleich nach. Er zog seine buschigen Brauen hoch und sah fragend zu Frédéric.

„Hast du ein mathematisches Problem?", fragte Jean Perrin. Sein verschmitztes Lächeln ließ Frédéric Mut fassen.

„Es gibt sehr schlimme Schlagzeilen im Excelsior", begann er.

„Schon wieder?", brummte Paul Appell.

„Ja", bestätigte Frédéric und sah, dass sowohl Paul Appell als auch Jean Perrin ernsthaft besorgt wirkten. „Und wir fragen uns, wer eigentlich auf der Seite von Madame Curie ist. Wir haben draußen Madame Odette Dupont und Monsieur Antoine Roche gesehen. Sie standen bei den Anhängern von Professor Branly. Und deshalb wollten wir, also Irène und ich, wissen, ob die beiden wirklich für Madame Curie sind."

Paul Appell stutzte und Jean Perrin wirkte für einen Moment verwirrt. Er strich sich über seinen spitz zulaufenden Kinnbart und sagte dann schulterzuckend: „Nun, ich weiß eigentlich nicht sehr viel über die beiden. Du etwa, Paul?"

Paul Appell schüttelte den Kopf. „Nein. Sie sind seit einigen Wochen in Paris. Und sehr an den Forschungen Madame Curies interessiert. Sie sind selbst Forscher und wollen Marie helfen, ihre Entdeckungen besser publik zu machen. Soweit ich weiß, sind sie sehr wohlhabend und könnten schon allein deshalb hilfreich sein."

„Glaubst du denn, sie würden Madame Curie schaden wollen?", hakte Jean Perrin nach und sah Frédéric forschend an.

Frédéric wusste nicht, was er darauf erwidern sollte. Er konnte doch kaum angesehene Forscher anschwärzen! Er grübelte noch, was er antworten könnte, damit es möglichst unverfänglich klang, da wurde er von Professor Poincaré unterbrochen, dessen dröhnende Stimme durch den Korridor hallte.

„Ah, da seid ihr ja!"

Frédéric fuhr herum und sah zu seiner Erleichterung, dass auch Irène mit von der Partie war. Zu zweit war alles einfacher.

Professor Poincaré ging mit großen Schritten auf sie zu und wetterte: „Draußen ist ja wieder mächtig was los. Die Anhänger Branlys schrecken vor nichts zurück. Eine regelrechte Schmutzkampagne wird da gegen Marie losgetreten."

Paul Appell und Jean Perrin nickten beide mit grimmigen Gesichtern, während Henri Poincaré fortfuhr: „Aber der Figaro ist auf Maries Seite. Und diese Zeitung ist um einiges angesehener als dieses Schmierblatt Excelsior."

„Und Marie hat viele Anhänger, die diesen Unsinn nicht glauben werden. Da kann geschrieben und gelogen werden, man wird nichts davon glauben", fügte Paul Appell hinzu und zwinkerte Irène und Frédéric aufmunternd zu.

Aus der Ferne war der leise Klang von Kirchenglocken zu hören und Jean Perrin horchte entsetzt auf.

„Mein Unterricht beginnt gleich!", rief er und eilte davon.

„Das wird schon. Deine Mutter konnte sich immer durchsetzen", sagte Henri Poincaré und ging schließlich gemeinsam mit Paul Appell zu einem der Vorlesungssäle.

Irène und Frédéric blieben allein zurück.

„Wir sind kein bisschen weiter, oder?", murmelte Frédéric schließlich.

„Nicht wirklich", sagte Irène etwas entmutigt. „Jemand war im Labor. Jemand ist dort eingedrungen und hat etwas gesucht. Die Anhänger Branlys gehen immer aggressiver vor. Und wir wissen nicht weiter."

„Dann sollten wir erst einmal nach Hause gehen.

Bewegung des Körpers kann auch Bewegung im Geist verschaffen – sagt deine Maman immer", lachte Frédéric und versuchte, Irène damit aufzuheitern. Sie lächelte schief und machte sich gemeinsam mit Frédéric auf den Weg nach Hause.

Irène kicherte vergnügt und Frédéric grinste bis über beide Ohren, während Elise das dampfende Apfelmus auftrug. Sie stellte es mit einem Wums auf den Tisch und servierte dann duftende Eierkuchen dazu.

Irène und Frédéric machten sich gerade über ihre erste Portion her, da schneite Maurice zur Tür herein. Mit einem „Hm, lecker, Eierkuchen!" ließ er sich auf einen Stuhl plumpsen und lud sich einen Teller voll.

„Maurice, kennst du Odette Dupont und Antoine Roche? Und falls ja, was hältst du von ihnen?", platzte Irène plötzlich heraus.

Maurice schluckte einen riesigen Bissen Eierkuchen hinunter, tupfte sich die Mundwinkel mit der Serviette ab und meinte schließlich: „Ich habe sie nur zweimal gesehen. Im Labor. Sie sind mir zu neugierig. Außerdem spricht Antoine Roche so komisch."

„Was meinst du damit?", hakte Frédéric nach.

Maurice zuckte die Schultern. „Sein Französisch klingt so seltsam. Nun, wahrscheinlich stammt er aus dem Süden. So, und nun werde ich wieder ins Labor gehen. Mal sehen, wie mein Experiment voranschreitet."

Maurice drückte Irène einen Kuss auf die Wange, wuschelte Frédérics Kopf, zwinkerte Elise zu und war zur Tür draußen, ehe sie noch eine weitere Frage stellen konnten.

„Jetzt, wo Maurice es erwähnt – stimmt, Monsieur Roche spricht einen seltsamen Dialekt. Nun, zumindest findet Maurice die beiden auch komisch. Er ist der Erste, der das sagt. Außer uns natürlich. Vielleicht finden wir morgen mehr heraus. Aber ich muss jetzt auch nach Hause", sagte Frédéric und erhob sich.

Irène begleitete ihn noch zur Tür. Die Straßenlaternen waren bereits angezündet und in der Stille des Abends waren die Schritte von Maurice noch in der Ferne zu hören. Frédéric winkte Irène noch einmal zu. Sie wollte eben die Tür schließen, da fiel ihr Blick auf etwas, das gerade noch vom Lichtkegel der Laterne erfasst wurde. Sie bückte sich und hob es auf. Es waren Zeitungsschnipsel.

„Frédéric! Komm zurück und sieh dir das an!", rief Irène aufgeregt.

Frédéric machte kehrt, sah, was Irène meinte, und pfiff durch die Zähne. Sie knieten sich auf den Boden und versuchten, die einzelnen Teile wieder zusammenzufügen.

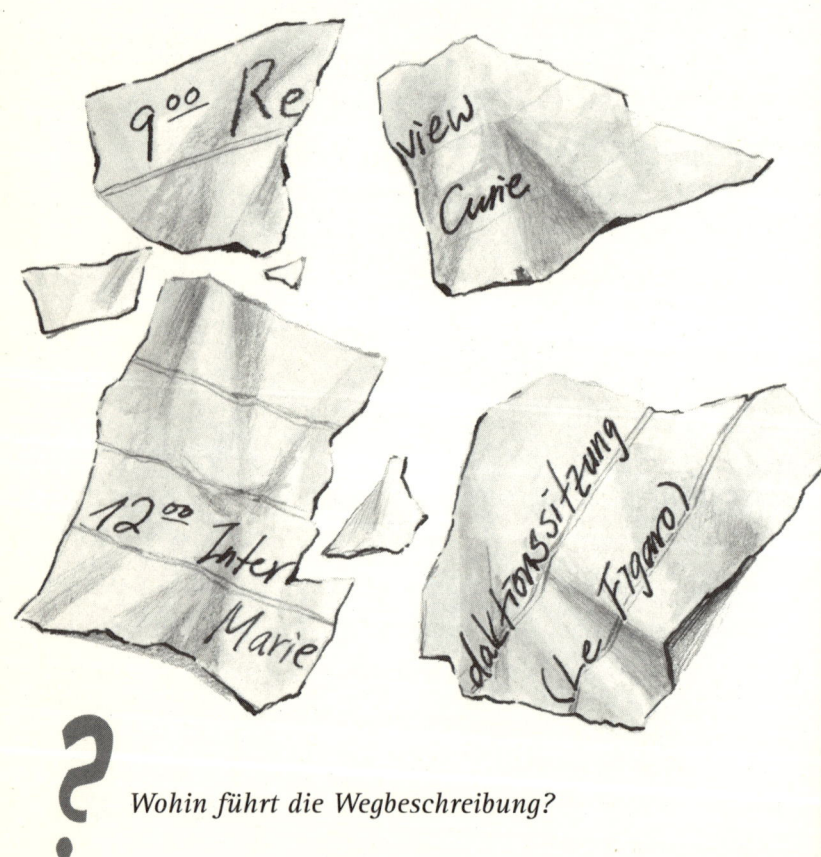

Wohin führt die Wegbeschreibung?

Böse Gerüchte

„Das sind Zeitungsschnipsel vom Figaro. Außerdem steht der Name Curie darauf. Da wollte ein Reporter zu uns!", stellte Irène fest.

„Aber alle wissen, dass deine Maman keine Interviews gibt. Außerdem ist doch bekannt, dass sie meistens bis weit nach Mitternacht im Labor arbeitet. Hierherzukommen ist also sinnlos", meinte Frédéric etwas ratlos.

„Nichts passt zusammen, nichts ergibt Sinn", sagte Irène, seufzte tief und stand schließlich auf. Sie klopfte sich Schnee vom Kleid und steckte die beiden Papiere in die Taschen.

„Heute werden wir das Rätsel jedenfalls nicht mehr lösen. Morgen ist auch noch ein Tag. Vielleicht sehen wir da klarer?"

Frédéric stupste Irène aufmunternd in die Seite und verabschiedete sich endgültig. Irène sah ihm nachdenklich hinterher, bis er in der Tür des Nachbarhauses verschwunden war. Irène schlüpfte leise ins Haus hinein und lief die Stufen zu ihrem Zimmer hoch.

In Windeseile zog sie sich für die Nacht um, erledigte eine schnelle Katzenwäsche, die Mademoiselle Noisette hätte ohnmächtig werden lassen, und hüpfte gerade noch rechtzeitig in ihr Bett, als auch schon die Tür zu ihrem Zimmer geöffnet wurde.

„Ah, du bist schon im Bett. C'est très bien!", rief Mademoiselle Noisette begeistert und schloss die Zimmertür wieder. Von Eve war noch ein fröhliches „Bonne nuit et faites de beaux rêves!" zu hören, dann kehrte Ruhe im Haus ein. Irène konnte trotzdem nicht schlafen. Sie wälzte sich hin und her und machte sich Sorgen um ihre Mé. Diese würde irgendwann spät in der Nacht heimkommen, sich um den großen Ofen im Vorraum kümmern, damit sie es am Morgen schön warm haben würden, und sich dann still und leise zurückziehen. Arme Mé. Sie war so liebevoll und fürsorglich und mit so viel Ernst und Tatendrang bei ihren Forschungen und jetzt wurde ihr guter Ruf dermaßen durch den Schmutz gezogen. Das war nicht richtig!

Als Irène schließlich doch noch in einen unruhigen Schlaf fiel, träumte sie so intensiv von ihrer Mé, dass sie am nächsten Morgen erst nicht wusste, ob sie schon wach war, als sie die Stimme ihrer Mé hörte.

„Irène, aufstehen, Liebling. Du musst zum Unterricht."

Als sie die Hand ihrer Mutter spürte, die ihr sanft übers Haar strich, blinzelte Irène die letzten Reste ihres Albtraumes weg.

„Mé, wie schön dich zu sehen!", flüsterte sie.

Marie Curie lächelte ihr zu und drückte sie kurz.

„Der Turnunterricht heute Morgen fällt allerdings aus. Es ist zu kalt draußen. Außerdem liegt der Schnee viel zu hoch."

Mit diesen Worten ging Madame Curie wieder nach unten.

Irène sprang aus dem Bett. Was für eine schlimme Nacht! Sie hatte so schlecht geträumt. Na, heute musste einfach ein besserer Tag werden, beschloss sie zuversichtlich.

Und für einige Stunden sah es auch so aus, als würde sie recht behalten. Der Unterricht mit Professor Langevin in Fontenay-aux-Roses war so interessant wie immer, sie und Frédéric kamen einem schwierigen mathematischen Problem auf die Spur und die dunklen Wolken des Vortages hatten sich endgültig verzogen. Die Sonne lachte vom Himmel und blendete sie regelrecht, während sie mit ihren Rädern über das Kopfsteinpflaster dahinsausten.

Der Tag war so wunderschön, dass Irène den Ärger der letzten Tage fast vergessen hatte. Sie lachten und schwatzten fröhlich durcheinander, bis Frédéric abrupt bremste und beinahe in einen Strauß Christrosen fuhr, der von einer älteren Frau am Straßenrand feilgeboten wurde.

„Was ist?", fragte Irène und bremste ihrerseits etwas vorsichtiger.

Frédéric deutete auf die Ausgabe des Excelsior, die ein Zeitungsjunge gerade auspackte. Irène wurde kreidebleich. Was stand da? Sie stieg vom Fahrrad und ging auf die Zeitungen zu. Riesige schwarze Buchstaben sprangen ihr regelrecht ins Auge: „Marie Curie – eine Ausländerin nimmt Franzosen die Arbeit weg!"

Entsetzt las sie den Text unter der Schlagzeile.

„Das ist unfassbar!", flüsterte Frédéric, der von hinten an sie herangetreten war.

„Ich lasse nicht zu, dass man das über Mé schreibt!", schimpfte Irène.

„Wenn ihr die Zeitung lesen wollt, müsst ihr sie schon kaufen", mischte sich der Zeitungsjunge frech ein. Irène schnaubte nur und Frédéric würdigte ihn keines Blickes. Irène schwang sich wieder auf ihr Rad.

„Was hast du vor?", fragte Frédéric.

„Ich werde zum Excelsior fahren und denen gehörig Bescheid sagen!", stieß Irène wütend aus. Frédéric legte den Kopf schief und zog die Brauen hoch. Irène stutzte und sagte schließlich: „Du musst natürlich mitkommen. Ich spreche nicht mit Fremden."

Frédéric nickte ernst.

„Wir werden dort allerdings kaum etwas ausrichten können. Sie sind gegen Frauen an der Akademie. Da werden sie einem Mädchen und ihrem Freund erst recht nicht zuhören", warf er ein, ehe Irène losradelte.

Irène seufzte. Daran hatte sie gar nicht gedacht! Und nun? Sie war so wütend, dass sie kaum fähig war, einen klaren Gedanken zu fassen.

„Wir fahren zum Le Figaro. Vielleicht kann man uns dort weiterhelfen", antwortete Frédéric, als wäre es das Normalste der Welt.

„Ich weiß, wo das Zeitungshaus ist!", rief Irène, fuhr los und trat in die Pedale, als wäre der Teufel hinter ihr her. Frédéric hatte Mühe, ihr hinterherzukommen, und holte sie erst vor dem ehrwürdigen Gebäude der Zeitung wieder ein. Sie stellten ihre Räder ab und eilten in das Haus. Der Portier wollte sie aufhalten, aber im Gewühl der Menge am Eingang konnten ihm die beiden entwischen. Gemeinsam liefen sie die Treppen hoch. ‚Redaktion' stand auf einem Schild und ein Pfeil zeigte nach oben. Irène nahm immer zwei Stufen auf

einmal und Frédéric tat es ihr nach, um sie nicht aus
den Augen zu verlieren. Für ein Mädchen lief sie ver-
flixt schnell, dachte er bewundernd, als sie endlich den
zweiten Stock erreicht hatten und er nach Luft japste.

Irène schien kaum außer Atem. Sie waren in den
Redaktionsräumen des Figaro! Hier wurden die
Schlagzeilen von Welt gemacht! Irène war für einen
Moment völlig überwältigt. Reporter liefen hin und
her. Schreibmaschinen klapperten, Telefone klingelten
und Telegrafen ratterten.

„Dort vorne ist Gustave Chevallier!", rief Frédéric

verblüfft und deutete quer durch den riesigen Raum. Tatsächlich! Dort war der Journalist, der sich immer bei den Anhängern Branlys herumtrieb! Was machte dieser Schurke hier?

In diesem Moment wandte sich Gustave Chevallier in ihre Richtung, sah sie und lief sofort auf sie zu, indem er sich durch die Menge seiner Kollegen drängelte.

„Kinder! Was macht ihr denn hier? Der Artikel über eure Schule wird erst in den nächsten Tagen erscheinen. Erst müssen wir sehen, wie die Wahl ausgeht", sagte er, während er zu ihnen kam. „Außerdem würden sich einige Anhänger Branlys über diese freie Art von Schule echauffieren. Und wir wollen doch nicht

Madame Curie unnötigerweise in Schwierigkeiten bringen!", fügte er verschwörerisch hinzu.

„Dann sind Sie kein Feind meiner Mutter?", fragte Irène erstaunt. In ihrer Aufregung vergaß sie völlig, dass es ihr zuwider war, mit Fremden zu sprechen, was auch Frédéric ziemlich überraschte.

„Aber niemals! Ich bin ihr größter Bewunderer!", rief Gustave Chevallier.

Frédéric erzählte ihm entrüstet von den neuesten Schlagzeilen.

Gustave Chevallier schien ehrlich schockiert. Schließlich jedoch lächelte er und sagte: „Aber das biegen wir schon wieder hin. Wir sind eine seriöse Zeitung und bringen morgen ein exklusives Interview mit Marie Curie! Das wird alles ins Lot bringen!"

„Das kann nicht sein. Das ist dann auch eine Lügengeschichte!", entfuhr es Irène.

 *Warum ist sich Irène so sicher, dass es sich um eine Lügengeschichte handelt?*

Betrug?

„Meine Mé gibt keine Interviews. Das letzte Interview hat sie vor Jahren gegeben. Da war ich noch gar nicht geboren!", sagte Irène erbost.

„Das kann ich bestätigen. Madame Curie mag die Öffentlichkeit nicht. Außerdem hat sie viel zu viel zu tun", kam ihr Frédéric zu Hilfe.

„Und mit einem Interview würde sie die Meinung der Wähler beeinflussen. Das würde sie niemals machen! Meine Mé ist dafür viel zu ehrlich", verteidigte Irène ihre Mutter weiter.

Gustave Chevallier runzelte die Stirn.

„Aber mit wem habe ich denn dann das Interview geführt? Die Frau sah aus wie Madame Curie. Also, ich kenne sie nur von Fotos. Aber sie sah genauso aus!"

„Also Sie waren bei uns zu Hause!", fauchte Irène. Sie war mehr als böse auf den Reporter.

Dieser wurde knallrot und fragte: „Wie kommst du darauf?"

„Weil wir zwei Blätter mit dem Namen Ihrer Zeitung vor unserer Tür gefunden haben."

„Ich hatte noch einige Fragen und wollte bei Madame Curie selbst nachhaken. Schließlich veröffentliche ich keine Lügen!", stammelte Gustave Chevallier und gab damit unbewusst zu, dass tatsächlich er die Zettel verloren hatte. Plötzlich stutzte er und kniff misstrauisch die Augen zusammen. „Woher weiß ich eigentlich, dass ihr beide mir nicht einen riesengroßen Bären aufbindet, hm?"

Irène schnappte beleidigt nach Luft, aber Frédéric sagte geistesgegenwärtig: „Dann stellen Sie uns doch eine Fangfrage. Fragen Sie uns etwas zu Madame Curie. Etwas, das nur jemand wissen kann, der sie auch kennt."

Gustave Chevallier kratzte sich nachdenklich hinter dem Ohr.

„Nun gut. Was wird Madame Curie mit ihren Entdeckungen machen? An wen wird sie die Patente verkaufen?"

„An niemanden!", rief Irène.

„Ha! Mir hat sie gesagt, Russland wäre brennend daran interessiert und sie erwöge den Verkauf an den Zaren", triumphierte Gustave Chevallier. Aber Irène warf sofort ein: „Sehen Sie, schon wieder eine Lüge. Meine Mé will, dass ihre Forschungsergebnisse allen Menschen, die daran interessiert sind, zur Verfügung stehen. Sie würde sie niemals patentieren lassen und für viel Geld verkaufen. Das würde die Forschung blockieren. Jeder, der meine Mé kennt, kann das bestätigen."

Gustave Chevallier wirkte etwas verunsichert. „Nun gut, ich werde das überprüfen. Und vorerst den Druck des Interviews stoppen."

„Wenn sich herausstellt, dass wir nicht gelogen haben, werden Sie uns dann helfen? Wir sind sicher, dass jemand in Madame Curies unmittelbarem Umfeld ihr schaden will", sagte Frédéric.

Der Reporter nickte und verabschiedete sich schließlich eilig von ihnen. In Gedanken war er nur noch bei dem Interview, das er möglicherweise mit der falschen Frau geführt hatte. So etwas konnte seinen Ruf, ein ernsthafter Reporter zu sein, nachhaltig gefährden und das wollte er unter allen Umständen verhindern.

Er sauste davon und ließ Frédéric und Irène allein zurück.

„Und nun? Die Wahl ist schon morgen. Und wir wissen immer noch nicht, wer deiner Mutter schaden will", sagte Frédéric etwas mutlos.

„Na, die Anhänger Branlys. Und einer davon wird das Interview gegeben haben. Aber wenn es nicht gedruckt wird, besteht vielleicht noch Hoffnung, dass meine Mé gewinnt", antwortete Irène und lächelte Frédéric zaghaft zu.

Auf dem Nachhauseweg gab Frédéric sein Bestes, Irène aufzumuntern, was ihm ein wenig gelang. Den Rest des Tages verbrachten sie in Irènes Zimmer und gingen alle offenen Fragen noch einmal durch. Wer hatte im Garten gestöbert? Wer war ins Labor eingebrochen? Aber eine Lösung schien in weiter Ferne und so endete der Tag so düster, wie er begonnen hatte. Schließlich kam Marie erschöpft nach Hause. Sie knabberte an einer trockenen Brotscheibe und war nicht sehr gesprächig. Irène brachte ihr eine Tasse Tee, die sie dankbar annahm.

„Bist du nervös wegen morgen?", fragte sie.

Marie Curie gab etwas Zucker in den Tee, rührte um und legte den Löffel bedächtig zur Seite. „Ja", sagte sie schließlich leise und lächelte.

„Und die bösen Sachen, die über dich geschrieben werden? Die sind so gemein!", sagte Irène wütend. Marie Curie lächelte zwar tapfer weiter, aber in ihren Augen war genau zu sehen, dass sie traurig war.

„Ach, Irène, im Leben gibt es so viele Hindernisse. Wir dürfen uns dabei nicht von den wichtigen Dingen ablenken lassen. Und das Wichtigste ist die Forschung. Und nicht eine dumme Wahl in eine Akademie, die keine Frauen will", antwortete sie nach einer Weile.

„Aber es wäre eine schöne Anerkennung", flüsterte Irène.

„Ja, das wäre es."

Marie Curies Stimme klang sehr leise und ein wenig traurig. Irène setzte sich dicht zu ihr und legte ihren Kopf an ihre Schultern. Sie wollte nicht, dass irgendjemand ihrer Mé wehtat! Nur, wie konnte sie es verhindern?

Darüber grübelte sie auch noch am nächsten Morgen nach, als sie neben Mé und Frédéric in der Straßenbahn stand. Keiner von ihnen sprach ein Wort, bis sie die Station erreichten, an der Marie Curie ausstieg, um in ihr Labor in der Rue Cuvier zu gehen. Sie wollte sich dem Rummel in keinem Fall stellen und würde arbeiten. So wie jeden Tag. Sie verabschiedete sich von den beiden, während Irène und Frédéric ihren Weg zur Akademie fortsetzten. Der Unterricht fiel heute aus und sie wollten keine Sekunde von der aufregenden Wahl verpassen!

Wie vermutet, hatte sich vor der Akademie eine riesige Menschenmenge angesammelt. Irène entdeckte eine große Gruppe der Anhänger ihrer Mutter direkt am Eingang der Akademie. Henri Poincaré, Paul Appell, Professor Langevin, Maurice und Jean Perrin diskutierten aufgeregt miteinander. Auch Odette Dupont und Antoine Roche hatten sich eingefunden. Beide trugen enorme Hüte auf dem Kopf; der von Odette war gar mit einer riesigen Straußenfeder geschmückt, die weit über alle anderen Köpfe hinausragte, als wollte sie jemandem in der Ferne zuwinken.

Professor Langevin trat zu Irène und Frédéric und flüsterte verschwörerisch: „Wir haben einen riesigen Blumenstrauß gekauft, den wir deiner Mutter später geben werden."

„Dann glauben Sie, Madame Curie wird gewinnen?", fragte Frédéric.

Professor Langevin nickte energisch mit dem Kopf. „In jedem Fall! Sie muss einfach gewinnen. Auch wenn einige Holzköpfe das nicht wahrhaben wollen", sagte er. Dabei deutete er auf einen Mann, der sich vor dem

Eingang aufbaute, die Arme ausbreitete und rief: „Eine
Frau kann niemals Mitglied an der Akademie werden!"

„Das ist Amagat. Er hat die Wahl gegen deinen Vater
gewonnen. Und jetzt triumphiert er hier so geschmack-
los", sagte Professor Langevin verächtlich.

In diesem Moment trat der Präsident der Akademie
an die Seite von Monsieur Amagat, klopfte diesem
lachend auf die Schultern und rief seinerseits: „Lasst

alles herein! Die Frauen ausgenommen!" Die Diener am Portal nickten und öffneten die Pforten der Akademie. Die Wahl würde gleich beginnen. Und die Menge um Irène und Frédéric herum wurde immer größer und dichter. Die gegnerischen Parteien schrien sich Parolen zu – die enorme Spannung war beinahe greifbar. Irène hatte das Gefühl, die Minuten würden so langsam verstreichen wie nie zuvor in ihrem Leben. Mé hatte genau das Richtige getan, als sie sich in ihr Labor zurückgezogen hatte.

„Wie lange stehen wir schon hier?", fragte Irène schließlich.

Frédéric deutete zu einer Turmuhr in der Ferne: „Etwas mehr als eine Stunde."

„Die Wahl müsste demnächst beendet sein", murmelte Professor Langevin, sah auf seine Taschenuhr, zog sie auf und ging dann wieder auf und ab. Er schien genauso nervös wie Irène und Frédéric.

Doch er behielt nicht recht. Sie mussten noch zwei geschlagene Stunden warten, bis sich die Flügeltüren der Akademie langsam öffneten und der Präsident vor die Menge trat. Aller Köpfe wandten sich ihm zu, er hob die Arme, um die Menschen zur Ruhe zu bringen. Er entfaltete einen Zettel und rief: „Gewählt wurde Edouard Branly mit 30 zu 28 Stimmen!"

„Oh nein!", flüsterte Irène. Ihre Knie wurden weich und Tränen traten in ihre Augen. Ihre Mé hatte wegen zwei Stimmen verloren!

Im Lager der Anhänger Branlys brandete Applaus auf. Hochrufe wurden laut. Jean Perrin, Henri Poincaré und Maurice gesellten sich leise zu Irène und Frédéric.

„Den Blumenstrauß haben wir schon verschwinden lassen. Den brauchen wir nicht mehr", sagte Maurice niedergeschlagen.

In diesem Moment hasteten drei Professoren an ihre Seite, die Irène vom Sehen kannte. Sie schienen völlig außer Atem. Bei einem von ihnen war das Halstuch verrutscht, bei den anderen saßen die Hüte völlig schief auf dem Kopf.

„Ist die Wahl schon beendet?", fragte einer von ihnen hektisch.

Professor Langevin nickte irritiert. Die drei sahen einander entsetzt an.

„So etwas Dummes! Wir hatten einen Unfall und kamen nicht mehr weiter."

„Da stecken doch bestimmt die Anhänger Branlys dahinter!", entfuhr es Henri Poincaré.

Einer der Anhänger Branlys, der dicht neben ihnen stand, horchte auf, lachte schallend und rief: „Warum sollten wir einen Fuhrwagen mit Apfelkisten zum Kippen bringen und so die ganze Straße verstopfen? Branly hätte so oder so gewonnen!"

„Dann war es also doch Wahlfälschung!", flüsterte Frédéric.

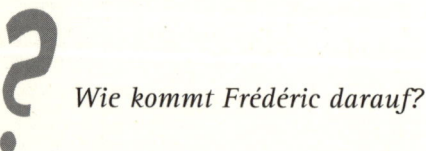

Wie kommt Frédéric darauf?

Noch mehr Verschwörer?

„Wir müssen Mé erzählen, dass ein Unfall inszeniert wurde, um ihre Wahl zu verhindern!", schimpfte Irène.

Frédéric nickte zustimmend. In den Reihen der Anhänger Marie Curies begann sich bereits Unmut breitzumachen. Einige riefen „Schiebung!", andere „Wahlbetrug!". Die Stimmen wurden lauter, die Menschen ungeduldiger und wütender.

Henri Poincaré schüttelte den Kopf.

„Das ist sehr bedauerlich. Marie hätte eine ordentliche und gerechte Wahl verdient."

„Und wenn es doch Wahlbetrug war?", hakte Irène verzweifelt ein.

„Auch wenn es so war, deine Mutter wäre nicht glücklich, würden wir jetzt noch einmal alles aufwärmen. Sie mag es schon nicht, wenn man sie ohne viel Trubel ehrt. Was würde dann sein, wenn man ihretwegen einen Wirbel wegen Wahlbetrugs und Stimmzettelfälschung machen würde?", sagte Jean Perrin.

Irène ließ ihren Blick traurig über die aufgebrachte Menge schweifen und sah dann zu den triumphierenden Anhängern Edouard Branlys. Ja, Jean Perrin hatte recht. Ihr würde das alles nicht gefallen.

„Als Gendarmen haben wir ja gründlich versagt", murmelte Frédéric. Irène konnte nicht antworten. Sie kämpfte mit den Tränen und einem Kloß im Hals. Henri Poincaré, Jean Perrin, Maurice und Professor Langevin beschlossen, Madame Curie in ihrem Labor aufzusuchen. Der gute Zuspruch von Kollegen und Freunden würde ihr bestimmt helfen, befanden sie. Irène und Frédéric hingegen wollten nur nach Hause.

Niedergeschlagen kämpften sie sich durch die Menge vor der Akademie, die sich immer noch nicht auflöste. Und selbst als sie schon ein gutes Stück mit der Straßenbahn gefahren waren, hörten sie immer noch die Hochrufe, die sich mit den Protesten vermengten.

„Was haben wir nur falsch gemacht? Warum haben wir denn nicht herausbekommen, was die Gegner vorhatten?", fragte Irène schließlich, nachdem sie eine ganze Weile stumm nebeneinandergesessen waren.

„Ich weiß es nicht. Wir haben unsere Indizien einfach nicht richtig kombiniert und nicht gesehen, worum es geht. Das ist wie in der Wissenschaft. Man kann nicht immer Erfolg haben", antwortete Frédéric und versuchte, Irène mit einem breiten Grinsen aufzumuntern.

Was ihm allerdings nicht gelang. Und so brachten sie den Rest der Fahrt nach Sceaux wortlos hinter sich.

Eisiger Wind kam auf und einzelne Schneeflocken tanzten wild vom Himmel. Die Straßenbahn schwankte bedrohlich hin und her. Als sie ausstiegen, hatten sie das Gefühl, gleich erfrieren zu müssen. Frédéric verabschiedete sich mit einem Schulterklopfen von ihr und huschte dann fröstelnd ins Nachbarhaus. Irène schlüpfte zur Hintertür ins Haus.

Aus dem Salon hörte sie Mademoiselle Noisette schimpfen. Elise erwiderte etwas und dazwischen war Klaviermusik zu vernehmen. Eve übte wohl und Mademoiselle Noisette und Elise fochten einen ihrer Kämpfe aus. Irène war weder hungrig noch sehr erpicht darauf, in diesen Krieg zwischen den beiden Damen hineingezogen zu werden. Also entledigte sie sich ihrer nassen Schuhe und lief leise in ihr Zimmer hoch.

Das war kein guter Tag und sie wollte nur, dass er schnell zu Ende ging. Allerdings zogen sich die Stunden wie Wochen dahin. Die Dämmerung setzte ein und der Sturm wurde immer heftiger. Aber bis Mé nach Hause kam, dauerte es noch Stunden. Als Irène die vertrauten Geräusche hörte, wie ihre Mutter leise ins Haus schlüpfte, den Schnee von ihren Schuhen abtrat und sich dann an der quietschenden Tür des Ofens im Flur zu schaffen machte, sprang sie so schnell auf, dass ihr Stuhl beinahe nach hinten umkippte. Sie hastete die Stufen hinab, indem sie immer zwei auf einmal nahm und flog ihrer Mutter in die Arme.

„Mé, es tut mir so leid!"

Madame Curie lächelte, gab Irène einen Kuss und drückte sie dann leicht von sich weg. Sie nahm ihren Hut und Mantel ab, wischte Schnee vom Stoff und hängte ihre Sachen in die Garderobe. Irène kämpfte

schon wieder mit den
Tränen. Marie Curie
strich ihr leicht
über die Wangen.
Ihre Finger wa-
ren eiskalt und
die rauen Finger-
kuppen, die von den
Experimenten im Labor
verätzt und rissig waren, fuh-
ren Irène leicht über die Stirn und das Haar.

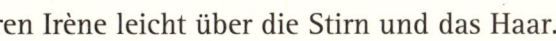

„Was ist los, Schatz?"

„Sie haben dich betrogen!"

„Aber nein. Sie haben sich selbst betrogen.
Nicht mich. Und außerdem: Alles, was zählt, ist die
Wissenschaft. Und dass wir einander haben."

Mit diesen Worten schloss sie Irène in ihre Arme.

Irène hatte gedacht, vor Traurigkeit nie wieder schlafen
zu können, aber die tröstenden Worte ihrer Mé hatten
sie dann doch schneller als gedacht ins Bett und damit
auch ins Land der Träume getrieben. Beinahe hätte sie
am nächsten Morgen sogar verschlafen. Als Frédéric
an die Tür klopfte, hastete Irène gerade aus dem Salon,
wischte einige Brotkrumen aus ihren Mundwinkeln,

schlüpfte in Schuhe und Mantel und eilig zur Tür hinaus.

Frédéric stand dick eingemummt auf der Straße. Der Schnee lag sehr hoch, so stapften sie gemeinsam zur Straßenbahn.

„Wie geht es deiner Maman?"

„Gut. Besser als mir."

Irène blinzelte in die Morgensonne, die sich durch dicke Schneewolken schob.

„Meine Mutter meinte, die Welt wäre noch nicht reif für Frauen an der Akademie. Aber es würde die Zeit kommen, in der auch Frauen genau das Gleiche machen dürfen wie Männer", versuchte Frédéric sie zu trösten.

„Das wäre schön!", seufzte Irène.

Der Gedanke, dass ihre Mé nur deshalb von der Akademie abgelehnt wurde, weil sie eine Frau war, erboste Irène. Den ganzen Vormittag konnte sie sich kaum auf den Unterricht bei Professor Langevin konzentrieren. Warum sollte sie, Irène, dann überhaupt noch lernen? Wenn Frauen in der Wissenschaft nichts zu suchen hatten? Irène schüttelte ärgerlich den Kopf. Nein, sie würde es der Welt beweisen, dass Frauen mehr konnten als nur kochen und stricken. Sie lächelte grimmig und widmete sich wieder voll und ganz ihrer

Arbeit und als es schließlich früher Nachmittag war und der Unterricht zu Ende ging, freute sie sich auf das Treffen mit ihrer Mé.

Sie besorgten Baguette, etwas Käse und Oliven und stapften mit diesem Proviant bewaffnet zum Labor in der Rue Cuvier.

„Mé! Wir haben etwas zu essen gebracht!", rief sie übermütig, während sie in das Labor stürmten.

Madame Curie stand am Labortisch und fuhr herum.

„Ach, ihr seid es. Ihr habt mich gerade zu Tode erschreckt!", meinte sie.

„Stimmt etwas nicht, Mé?", fragte Irène, legte den Proviant achtlos auf den Tisch und sah ihrer Mutter forschend ins Gesicht.

Madame Curie schien außer sich.

„Das kann man wohl sagen. Jemand war an meinen Unterlagen. Alles ist durcheinander. Und einige meiner Notizen fehlen! Das muss gestern Nacht passiert sein, nachdem ich gegangen bin."

„Gestern Nacht?"

Irène stutzte und sah mit aufgerissenen Augen zu Frédéric. Der dachte wohl das Gleiche wie sie und sah ziemlich verdutzt zu Madame Curie.

„Waren Sie heute Vormittag denn nicht im Labor?"

„Nein, ich musste einige Dinge zur Post bringen. Dann hatte ich Unterricht. Ich bin eben erst gekommen. Und jetzt seht euch dieses Chaos an!"

„Vielleicht war es diesmal wirklich Maurice?", fragte Irène. Marie Curie schüttelte den Kopf.

„Maurice ist für drei Tage nach Hause gefahren. Die anderen Kollegen haben Unterricht. Ich weiß nicht, wer sich da an meinen Sachen vergriffen hat! Nun, ich muss jetzt aufräumen. Bitte nicht böse sein, aber ich habe keine Zeit für unser Essen."

Irène verstand ihre Mutter zu gut und verdrückte sich mit Frédéric aus dem Labor.

„Aber wenn sich jemand nach der Wahl an den Unterlagen zu schaffen gemacht hat – dann steckt doch mehr dahinter als der Wahlbetrug!", platzte Frédéric heraus, kaum, dass sie die Straße betreten hatten.

Irène nickte grimmig.

„Wir müssen also weitere Nachforschungen anstellen", sagte sie schließlich.

Allerdings standen zuerst noch zwei Stunden Chemie

auf dem Plan und so blieb ihnen nichts anderes übrig, als sich auf den Weg zur Universität zu machen. Sie erreichten die Sorbonne schließlich zu früh und schlenderten gedankenverloren durch den Korridor. Plötzlich blieb Frédéric stehen, fasste Irène am Ärmel und flüsterte: „Sieh doch nur!"

Irène sah in die angedeutete Richtung und erkannte Odette Dupont. Mit wem sprach sie da? Und vor allem, was sprach sie? Odette Duponts Stimme wurde lauter und hallte durch den Gang. „Mi dolschni potoropits-ja! U nas net vremeni!" Schließlich stahl sie sich aus der Nische davon. Schritte entfernten sich und die Person, mit der sie gesprochen hatte, war ebenfalls verschwunden.

„Odette Dupont hat eine fremde Sprache gesprochen. Ich glaube, das war Russisch! Das ist aber seltsam!", sagte Irène und sah mit Verschwörermiene zu Frédéric.

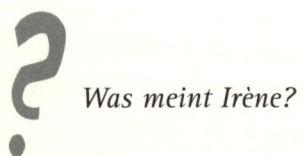 *Was meint Irène?*

Schatten

„Odette Dupont ist uns jetzt schon oft aufgefallen. Mit ihr stimmt doch etwas nicht!", flüsterte Irène aufgeregt.

„Ja, aber was will sie von deiner Maman? Und hat Antoine Roche auch etwas damit zu tun? Die beiden sind fast immer zusammen zu sehen. Ob sie etwas gegen deine Mutter aushecken?", warf Frédéric ein.

Irène kaute nachdenklich auf ihrer Lippe, ehe sie antwortete.

„Ich weiß es nicht. Aber sie sind mir verdächtig. Und es gibt noch jede Menge unbeantworteter Fragen. Wer hat im Labor spioniert? Und wer war die Frau, die sich bei dem Interview als meine Mé ausgegeben hat?"

„Gestern dachte ich, es hätte alles nur mit der Wahl zu tun gehabt. Aber jetzt bin ich mir da nicht mehr sicher", sagte Frédéric.

„Ich auch nicht. Und ich glaube, ich weiß, wer uns da weiterhelfen kann."

Irène sah sich aufgeregt um, beugte sie sich zu Frédéric und flüsterte: „Wir müssen noch einmal zur Zeitung. Gustave Chevallier ist Reporter. Er kann viele Dinge herausfinden."

„Aber warum sollte er uns helfen?"

„Da fällt uns schon etwas ein", antwortete Irène und zog Frédéric mit sich zum Unterrichtsraum.

Während der nächsten zwei Stunden, die sie im Unterricht bei Jean Perrin verbrachten, grübelte Frédéric immer wieder darüber nach, wie Irène den Reporter wohl dazu bringen mochte, ihnen zu helfen. Aber Frédéric fiel keine Lösung ein. Auch dann nicht, als der Unterricht zu Ende war und sie sich auf den Weg zur Zeitung machten.

Erneut konnten sie dem Portier entkommen, der sie diesmal überhaupt nicht registrierte, da er mit zwei Fotografen ins Gespräch vertieft war, und so kamen sie völlig unbehelligt in die Redaktion.

„Dort vorne ist Monsieur Chevallier!", sagte Irène und deutete zu einem Schreibtisch direkt an einem der großen Fenster.

Frédéric verstand sie kaum, so groß war auch diesmal der Lärm in dem riesigen Raum. Menschen liefen durcheinander, telefonierten und diskutierten hektisch, andere tippten Berichte auf großen schwarzen Schreibmaschinen. Gustave Chevallier las gerade eine Ausgabe des Excelsior und war völlig in den Artikel versunken, als Irène und Frédéric zu ihm traten.

„Monsieur Chevallier, wir brauchen Ihre Hilfe", sagte Irène fest. Der Reporter zuckte zusammen und sah völlig irritiert hoch. Er blinzelte und erkannte dann Irène und Frédéric. Sein Gesicht hellte sich auf.

„Das ist ja schön, euch zu sehen! Ich wollte mich ohnehin bei euch melden und euch für eure Hilfe danken. Wie sich herausgestellt hat, muss mich jemand mit dem Interview schwer getäuscht haben. Es stimmten so einige Angaben nicht. Unter anderem die Sache mit den Patenten. Deine Mutter ist ja Polin. Sie würde niemals die Patente an den Zaren verkaufen!"

Gustave Chevallier schien das ziemlich unangenehm zu sein und er erhob sich. Er steckte seinen Bleistift hinter sein rechtes Ohr und sah die beiden neugierig an.

„Und was macht ihr heute hier?", fragte er.

„Es geht um die Wahl. Meine Mé hätte sie gewinnen müssen. Aber die Anhänger von Monsieur Edouard Branly haben einen Unfall inszeniert und so kamen einige Mitglieder der Akademie zu spät und konnten ihre Stimmen nicht abgeben – ein richtiger Wahlbetrug also", begann Irène.

„Und dann hat jemand gestern Abend im Labor von Madame Curie herumgestöbert und Notizen gestohlen. Irgendjemand versucht, ihr zu schaden. Wir wissen aber nicht, wer und wir dachten, Sie könnten uns vielleicht helfen", fügte Frédéric hinzu.

Gustave Chevallier hatte ihnen aufmerksam zugehört. Nun nickte er bedächtig mit dem Kopf und strich mit den Fingerkuppen über sein Kinn. Schließlich sagte er: „Nun, der Wahlbetrug ist Thema des Tages. Wir haben sogar einen Bericht darüber geschrieben. Aber der Präsident der Akademie meint, die Wahl wäre korrekt abgelaufen. Und deshalb bleibt es bei dem Ergebnis. Tut mir leid."

Irène seufzte. „Und was ist mit dem Diebstahl?"

„Nun, vielleicht hat deine Mutter ihre Notizen nur verlegt?"

„Niemals!", entrüstete sich Irène.

Der Reporter zuckte mit den Schultern.

„Weißt du, die Wahl ist vorüber. Also gibt es für uns auch keine wirklichen Schlagzeilen mehr. Und wirklich interessante Dinge kann ich über deine Mutter nicht berichten. Sie gibt ja keine Interviews. Außerdem führt sie ein sehr zurückgezogenes und einfaches Leben."

„Wie meinen Sie das?", fragte Frédéric.

„Reporter berichten gerne über alles, was sie über Prominente herausfinden können. Aber es muss natürlich interessant sein. Aber Madame Curie isst ja nicht einmal interessante Sachen! Kartoffeln und Gemüse zu einer Abendgesellschaft!", rief Gustave Chevallier kopfschüttelnd aus.

Irène horchte auf.

„Woher wissen Sie das?", fragte sie wie aus der Pistole geschossen.

Gustave Chevallier wurde augenblicklich hochrot im Gesicht, gab aber keine Antwort.

„Sie waren im Garten! Sie haben herumgestöbert und den Blecheimer umgeworfen!", rief Frédéric aus.

Gustave Chevallier räusperte sich.

„Psst. Nicht so laut", haspelte er hervor.

„Wenn das meine Mé erfährt, werden Sie nie ein Interview mit ihr führen!", sagte Irène patzig. Doch während sie die Worte aussprach, fiel ihr etwas ein. Sie grinste bis über beide Ohren.

„Sie möchten doch noch immer ein Interview, nicht wahr?"

„Ja", antwortete Gustave Chevallier und hatte sich offensichtlich wieder etwas gefangen.

„Gut. Wenn Sie uns helfen, einige Informationen über zwei bestimmte Personen zu bekommen, dann werde ich dafür sorgen, dass meine Mé Ihnen ein Interview gibt. Was halten Sie davon?", sagte sie und lächelte dabei spitzbübisch.

Gustave Chevallier setzte sich und lachte auf.

„An dir ist ein Reporter verloren gegangen. Aber gut, so werden wir handelseinig. Über wen wollt ihr denn Informationen haben?"

Den Rest des Tages beschäftigte sie nur noch die Frage, ob es Gustave Chevallier gelingen würde, tatsächlich etwas über Odette Dupont und Antoine Roche herauszufinden.

„Nun, er ist Reporter. Wenn er nichts findet, dann gibt es wohl nichts zu finden", sagte Frédéric und hoffte dabei ebenso inständig wie Irène, dass Gustave Chevallier ihnen helfen konnte.

Auf Antworten mussten sie dennoch lange warten. Der Reporter hatte zwar versprochen, sich sofort bei ihnen zu melden, sobald er etwas wusste, aber er meldete sich nicht. Weder an diesem Abend noch am nächsten Vormittag. Frédéric und Irène saßen den ganzen Tag zappelig und abgelenkt im Unterricht von Professor Langevin und hatten Mühe, ihm zu folgen. Und als sie schließlich Brötchen und etwas Käse holten, um mit Madame Curie in der Rue Cuvier zu Abend zu essen, waren sie restlos niedergeschlagen.

„Er wird sich nicht melden. Er wird nichts herausfinden. Wir sind bestimmt schon wieder auf dem Holzweg", meinte Irène düster, während sie den Käse bezahlte.

„Wir müssen uns noch etwas gedulden. Er findet schon etwas. Hoffentlich ...", murmelte Frédéric, steckte den Proviant in seine Tasche, schwang sich auf sein Fahrrad und radelte stumm neben Irène in die Rue Cuvier.

Die Dämmerung kroch bereits über die Dächer von Paris und Schneefall setzte ein, als sie die Rue Cuvier erreichten. Zu dieser Stunde waren kaum Menschen auf den Straßen. Zudem kam eisiger Wind auf und schnitt wie mit Tausenden kleinen Messern in ihre Wangen. Irène wollte gerade fester in die Pedale treten, um schneller beim Labor zu sein, als sie bemerkte, dass jemand das Gebäude verließ.

„Sieh doch nur. Ist das meine Mé?", fragte sie und bremste unbewusst. Frédéric tat es ihr gleich und sah mit zusammengekniffenen Augen zum Eingang des Labors.

„Nein. Aber wer ist das? Maurice ist nicht hier", antwortete er.

Die Gestalt stülpte ihren Mantelkragen auf und zog die Schultern hoch, während sie einmal kurz um sich sah. Sie bemerkte Irène und Frédéric, drehte sich abrupt wieder um und entfernte sich mit schnellen Schritten.

„Das ist doch verdächtig!", befand Irène.

„Komm, wir folgen der Person!", sagte Frédéric.

Sie waren nur wenige Meter gefahren, da huschte die Person flink wie ein Eichhörnchen in einen Arkadengang.

„Schnell – wir verlieren sie!", flüsterte Irène. Frédéric hielt sie jedoch zurück und bedeutete ihr stumm, ihm zu folgen. Er lehnte sein Fahrrad an die nächste Hauswand und lief dann vorsichtig, aber schnell der Person hinterher. Als sie den Arkadengang erreichten, legte er den Finger an den Mund. Sie durften sich jetzt nicht verraten. Im Hintergrund hörten sie jemanden flüstern. Irène beugte sich etwas vor, konnte aber nur Schatten erkennen. Trotzdem wusste sie genau, wer da sprach.

Wen hat Irène erkannt?

Wer hätte das gedacht?

„Hier stimmt etwas nicht! Sieht aus, als hätte sie etwas zu verbergen", zischte Irène, so leise sie konnte.

„Ja, das sehe ich auch so. Wir müssen sie aufhalten", flüsterte Frédéric zurück und blinzelte eine Schneeflocke von seinen Wimpern. Er wollte eben loslaufen, als eine Stimme durch die stille Straße hallte.

„Ah, da seid ihr ja! An der Sorbonne sagte man mir, dass ich euch wahrscheinlich im Labor bei Madame Curie finden werde!"

Gustave Chevallier! Zum ungünstigsten Zeitpunkt! Frédéric stöhnte auf und bedeutete dem Reporter hektisch, leise zu sein. Irène schielte zum Arkadengang. Odette Dupont hatte sich tiefer in den Gang zurückgezogen.

„Was ist los?", fragte Gustave Chevallier harmlos.

„Leise! Odette Dupont ist eben aus dem Labor gekommen. Sie hat sich sehr verdächtig benommen und jetzt steht sie dort mit einer anderen Person – wahrscheinlich Antoine Roche. Die beiden hecken bestimmt etwas aus!", flüsterte Irène, um keine Aufmerksamkeit zu erregen.

Gustave Chevallier nickte ernst und zog Irène und Frédéric in einen Hauseingang.

„Wir müssen vorsichtig sein. Die beiden dürfen uns nicht sehen. Ich habe schlimme Dinge herausgefunden!"

Frédéric und Irène horchten auf. Gustave Chevallier lugte vorsichtig aus dem Hauseingang und wandte sich ihnen dann wieder zu.

„Odette Dupont und Antoine Roche sind keine Forscher! Sie arbeiten für die Ochrana", sagte er schließlich und sah dabei höchst beunruhigt aus.

„Ochrana? Was ist das?", fragte Frédéric verwirrt.

„Der russische Geheimdienst", platzte Irène heraus. Und als ihr sowohl Frédéric als auch Gustave Chevallier einen äußerst verdutzten Blick zuwarfen, fügte sie erklärend hinzu: „Meine Mé hat mir davon erzählt. Als sie noch in Polen gelebt hat, war ihre Familie immer auf der Hut vor der Ochrana. Der Geheimdienst ist sehr gefährlich und steckt seine Nase in alle wichtigen Dinge."

Der Reporter nickte. „Richtig. Und so, wie es aussieht, ist der russische Geheimdienst hinter Madame Curies Forschungsarbeit her. Odette Dupont war es auch, die mir das Interview gegeben hat. Sie hat eine Perücke und einen großen Hut getragen. So habe ich sie natürlich für deine Mutter gehalten. Und Antoine Roche habe ich schließlich im Fotoarchiv gefunden. Er war auf einem Bild mit dem Zaren."

„Was?", fragte Irène entsetzt.

„Ja. Und deshalb müssen wir jetzt überlegen, an wen wir uns wenden. Das hier ist äußerst gefährlich", sagte der Reporter.

Irène wollte eben etwas erwidern, da nahm sie aus dem Augenwinkel eine Bewegung auf der anderen Straßenseite wahr. Sie sah genauer hin. Da lief schon wieder jemand aus dem Labor! Und diesmal war es wirklich ihre Mutter.

„Da ist Mé! Wir müssen ihr alles erzählen!", rief Irène. Sie winkte und Madame Curie wurde auf sie aufmerksam. Eilig kam sie über die Straße zu ihnen. Sie wirkte völlig aufgelöst und zornig zugleich. Einige Haarsträhnen hatten sich gelöst und fielen ihr ins Gesicht. Ihre grauen Augen funkelten wütend.

„Jemand hat mein Notizbuch gestohlen! Ich war nur wenige Minuten nicht im Labor. Als ich zurückkam, hatte wieder jemand herumgestöbert. Und diesmal mein Buch mitgenommen! Das ist eine Tragödie! Meine gesamten neuen Forschungsergebnisse sind darin notiert!"

„Und es wurde gerade eben gestohlen?", fragte Gustave Chevallier etwas naiv. Madame Curie sah ihn überrascht an.

„Wer sind Sie?"

„Das ist Monsieur Chevallier. Er kann uns helfen, er ist auf unserer Seite. Vertrau ihm, wir erklären alles später, Mé!", rief Irène und lief los. Frédéric brauchte eine Sekunde, um zu begreifen, was Irène vorhatte. Dann verstand er. Sie wollte Odette Dupont und Antoine Roche auf eigene Faust aufhalten!

Frédéric hastete mit großen Schritten hinter Irène her und ließ Madame Curie und den Reporter völlig überrumpelt zurück.

„Hast du gesehen, in welche Richtung sie gegangen sind?", rief er Irène zu.

„Dorthin!", antwortete Irène und lief noch eine Spur schneller. Der Schneefall wurde immer dichter. Es

schien, als würde die Temperatur schnell sinken. Ein leichter Eisfilm legte sich über das Katzenkopfpflaster. Sie bogen in die nächste Straße ein. Es waren nur noch wenige Droschken unterwegs und auch sie bewegten sich nur langsam vorwärts. Auf der Straße war es nun spiegelglatt und Frédéric hatte Mühe, sich auf den Beinen zu halten und hätte beinahe aufgegeben, als er sich gerade noch an einem Laternenpfahl festhalten konnte. Doch dann sah er die Straußenfeder von Odettes Hut nicht weit von ihnen entfernt auf und ab hüpfen und setzte erneut zu einem Spurt an. Sie mussten die beiden aufhalten!

„Wir haben sie gleich!", keuchte er.

Irène nickte im Laufen. Ein Gemüsehändler bog aus einer Gasse und schob ihr seinen Gemüsekarren direkt in den Weg. Irène kreischte, konnte einen Zusammenstoß nur knapp verhindern und strauchelte. Der Gemüsehändler schimpfte, Zwiebeln und Kartoffeln kullerten auf die Straße und Frédéric hatte Mühe, dem Gemüse auszuweichen.

Der Lärm hinter ihnen hatte Odette Dupont und Antoine Roche aufmerksam gemacht. Sie drehten sich um, erkannten Frédéric und Irène, und lächelten.

„Sie sind Diebe! Und Spione!", schrie Irène, als sie sie erreichte. Beiden gefror das Lächeln im Gesicht.

Sie drehten sich um und wollten möglichst schnell das Weite suchen. Genau in diesem Moment bog Gustave Chevallier aus einer Seitengasse um die Ecke, erfasste die Situation mit einem Blick und war mit wenigen Riesenschritten bei den beiden. Er sprang auf sie zu und hielt sie an den Ärmeln fest.

„Was ist das? Ein Überfall? Da ist wohl eine Erklärung fällig", zischte Odette Dupont.

Antoine Roche wollte zu einem Kinnhaken ausholen, aber Gustave Chevallier war schneller, griff nach seinem Arm und drehte ihn herum. Antoine Roche gab ein seltsam pfeifendes Geräusch von sich und ging in die Knie.

Odette Dupont kreischte auf, raffte ihre Röcke und wollte eben verschwinden, da waren Irène und Frédéric zur Stelle und hielten sie fest.

„Das ist Freiheitsberaubung!", keifte Odette Dupont.

Doch Frédéric und Irène ließen nicht locker. Sie sahen, wie Madame Curie mit einem Gendarmen die Straße entlanglief.

„Verhaften Sie die beiden, Monsieur. Es sind gewaltige Gauner!", keuchte Gustave Chevallier, als der Gendarm sie erreicht hatte.

Der sah etwas überrumpelt aus, tat dann aber, was ihm empfohlen worden war. Schließlich war Madame

Curie mit von der Partie. Und der konnte man in jedem Fall glauben!

„Monsieur, Madame – ich verhafte Sie", sagte er also mit fester Stimme und zog dabei Antoine Roche vom Boden hoch. Dann wandte sich der Gendarm an Gustave Chevallier und flüsterte: „Wenn Sie mir noch erklären wollen, warum ich die beiden verhaftet habe?"

Der Reporter schnaubte. „Das kann ich Ihnen sagen. Diese beiden hier sind russische Spione. Und sie haben Madame Curie geistiges Eigentum gestohlen."

„Spione?", riefen Marie Curie und der Gendarm wie aus einem Mund.

„Ja, russische Spione. Wer hätte das gedacht?", wiederholte Gustave Chevallier zum wiederholten Male an diesem Abend. Odette Dupont und Antoine Roche waren mittlerweile im Gefängnis und gleich morgen würde Anklage erhoben werden. Und Irène, Frédéric, Gustave Chevallier und Madame Curie saßen nun in dem kleinen gemütlichen Salon in Madame Curies Haus.

Gustave Chevallier stellte seine Teetasse ab.

„Russland wollte die Patente an Ihren Forschungen kaufen, aber Sie haben sie kostenlos für alle zur Verfügung gestellt. Das hat Russland wohl nicht geschmeckt. Der Zar möchte, dass Russland die Nummer eins in der Forschung wird. Und dabei könnte Ihre Arbeit sehr hilfreich sein. Außerdem sind Sie Polin und Polen ist von Russland besetzt, wie Sie ja wissen. Der Zar findet, dass ihm Ihre Arbeit ohnehin gehört", erklärte er.

„Das ist ungeheuerlich!", sagte Madame Curie empört und fügte dann hinzu: „Ich hätte doch früher auf euch beide hören sollen, ihr habt mich ja schon lange gewarnt, dass irgendetwas Merkwürdiges im Busch zu sein scheint."

Irène lächelte selig ihrer Mé zu und Frédéric lachte bis über beide Ohren hinaus. Sie hatten also doch nicht versagt!

„Und Sie bekommen Ihr Interview!", sagte Irène schließlich an Gustave Chevallier gewandt. Der freute sich so, dass seine Ohren zu glühen begannen.

„Ich hätte da gleich eine erste Frage", murmelte er etwas verlegen. Er konnte sein Glück immer noch nicht fassen, dass er hier mit Madame Curie ganz privat zusammensitzen durfte!

Marie Curie lachte ihr glockenhelles Lachen.

„Nur zu, Monsieur Chevallier. Aber bitte eine Frage nach der anderen."

„Nun, woran arbeiten Sie zurzeit? Was ist so interessant für Russland?"

Madame Curie zuckte die Schultern.

„Ich untersuche die chemischen Verbindungen von Radium. Es ist in jedem Fall für mich sehr interessant. Ob es auch für andere interessant ist, weiß ich gar nicht."

„Du stellst dein Licht immer unter den Scheffel, Mé!", lachte Irène und die anderen fielen fröhlich ein.

Lieber Frédéric,

habe ich nicht gesagt, dass Mé immer untertreibt? Aber hättest Du gedacht, wie bedeutend ihre Notizen wirklich waren? Ihre Forschungen waren so wichtig, dass man ihr also zum zweiten Mal den Nobelpreis verliehen hat. Diesmal für Chemie. Ich bin so froh, dass wir das Rätsel lösen konnten!

Hier in Stockholm ist es eisig kalt und wir versinken im Schnee. Aber diese Wetterverhältnisse kennen wir ja von unserer Verbrecherjagd.

Man hofiert uns und die Zeremonie bei der Verleihung war so wundervoll, dass ich wünschte, ich würde auch einmal einen Nobelpreis erhalten. Ich werde dieses Ziel in jedem Fall im Auge behalten.

Mit lieben Grüßen
Irène

Lösungen

Ein Täter auf vier Beinen?

Ein Kater interessiert sich nicht für Gemüse und Kartoffeln und schon gar nicht für Müll. Außerdem hängt eine Kartoffelschale von der Türklinke der Hoftür.

Rätselhafte Botschaften

Madame Curie darf nicht gewinnen. Die Wahl muss verhindert werden!

Experimente

Der Labortisch ist sehr unordentlich. Sogar Flüssigkeit ist verschüttet. So hätte niemand Marie Curies Labor verlassen! Das würde sie niemals dulden!

Noch mehr Fragen

Madame Dupont und Monsieur Roche können erst seit kurzer Zeit draußen sein. Auf ihren Mänteln und Hüten liegt noch kein Schnee.

Geheimnisse
Wenn man die Schnipsel zusammensetzt, kann man folgenden Text lesen: 9.00 Redaktionssitzung (Le Figaro). 12.00 Interview Marie Curie.

Böse Gerüchte
Marie Curie gibt niemals Interviews. Wie sollte also Gustave Chevallier an das Interview gekommen sein?

Betrug!
Der Anhänger Curies hat nichts von Apfelkisten auf der Straße erzählt, nur von einem Unfall. Wie kommt also Branlys Anhänger gerade auf Apfelkisten?

Noch mehr Verschwörer?
Odette Dupont hat offensichtlich gelogen, als sie behauptete, keine Fremdsprache zu beherrschen.

Schatten
Odette Dupont und Antoine Roche. Odette trägt einen auffälligen Hut mit einer Straußenfeder und Antoine Roche einen sehr hohen Zylinder.

Glossar

Au revoir: Auf Wiedersehen

Baguette: französisches Weißbrot

Bonne nuit et fais de beaux rêves: Gute Nacht und träume schön!

C'est très bien!: Das ist sehr gut!

Croissant: französisches Gebäckhörnchen, das man in Frankreich gerne zum Frühstück isst

Curie-Waage: eine Präzisionswaage, die von Madame Curies Ehemann, Pierre Curie, erfunden wurde. Es war die erste Waage, mit der man auf 0,001 Gramm genau wiegen konnte.

Echauffieren: sich aufregen. Ein französisches Wort, das in die deutsche Sprache eingegangen ist

Excelsior: eine Pariser Zeitung, die Artikel gegen Marie Curie veröffentlichte

Excusez-moi: Entschuldigung

Fontenay-aux-Roses: eine kleine Stadt südlich von Paris. Der Unterricht der Kinder fand manchmal hier statt. Früher war die Stadt für ihre Rosen bekannt. Daher kommt auch der Name.

Gendarm: ein Ordnungsbeamter, ähnlich wie ein Polizist

Gouvernante: Erzieherin

Le Figaro: eine Pariser Tageszeitung (gegründet

1826), die auf der Seite von Madame Curie stand.
Die Zeitung erscheint auch heute noch täglich und
gehört zu den wichtigsten Zeitungen weltweit.

Madame: Frau

Mademoiselle: Fräulein

Maman: Mama

Mé: Irène nannte ihre Mutter ausschließlich Mé. Ein
Kosename, der sich aus Maman ableitet

Mi dolschni potoropitsja! U nas net vremeni: Wir
müssen uns beeilen. Wir haben nicht mehr viel
Zeit.

Monsieur: Herr

Patent: ein Schutzrecht auf eine Erfindung oder
Forschung. Wer ein Patent anmeldet, darf diese
Erfindung oder Forschung für einen bestimmten
Zeitraum alleinig und ausschließlich nutzen und
kann damit sehr viel Geld verdienen.

Po polsku, prosze: Auf Polnisch, bitte

Pozniej ide do szkoly: Ich gehe nachher in die
Schule.

Przepraszam: Entschuldigung

Quartier Latin: Das traditionelle Studentenviertel
von Paris. Es liegt nahe der Universität. Auch
Schriftsteller und Künstler lebten um die Jahr-
hundertwende des vorigen Jahrhunderts gerne im
Quartier Latin.

Reagenzglas: ein kleines, einseitig geöffnetes,

fingerförmiges Behältnis aus Glas. Die Reagenz-gläser gibt es in verschiedenen Größen und sie werden vor allem in der Forschung eingesetzt.

Sceaux: eine Kleinstadt im Südwesten von Paris, Nachbargemeinde von Fontenay-aux-Roses. Madame Curie zog dorthin, weil ihr Mann, Pierre Curie, dort begraben wurde.

Sluchasz mnie?: Hörst du mir zu?

Sorbonne: die Universität von Paris und gleichzeitig die älteste Universität Frankreichs

Telegraf: Bevor es Faxgeräte, Internet und E-Mails gab, wurden Texte mit Telegrafen über weite Entfernungen vermittelt. Die Buchstaben wurden dabei über einen Code übertragen.

Zar: entspricht dem „Kaiser" – so nannte man die höchsten Herrscher in Russland (aber auch in Bulgarien und Serbien)

Zeittafel

7.11.1867 Marie Curie wird als Marya Sklodowska, Tochter eines Mathematik- und Physikprofessors, in Warschau geboren.

1883 Sie verlässt das Lyzeum (Gymnasium für höhere Töchter) mit Auszeichnung. Ihre Familie verliert beinahe das gesamte Vermögen.

1883-93 Sie nimmt eine Stelle als Erzieherin an, um ihrer Schwester das Medizinstudium in Paris zu finanzieren. Dabei gibt sie den Kindern im Dorf kostenlos Unterricht. Und sie liest ehrenamtlich für die Fliegende Universität.

1891 Sie nimmt ihr Studium (Mathematik und Physik) in Paris auf. Sie trägt sich unter dem Namen Marie Sklodowska ein. Ihre Schwester unterstützt sie nun ihrerseits finanziell.

1893/94 Sie schließt ihr Physikstudium als Beste ab, ihr Mathematikstudium als Zweitbeste. Und sie wird Doktorandin des Physikprofessors Antoine Henri Becquerel.

1895	Am 26. Juli heiratet Marie Sklodowska Pierre Curie. Sie beginnen ihre gemeinsame Arbeit in einem improvisierten Laboratorium unter äußerst widrigen Umständen (sie nennen das Labor den „Hangar").
ab 1896	Antoine Henri Becquerel entdeckt die Strahlung von Uranium. Marie Curie ist überzeugt, dass sich diese Strahlung auch bei anderen Elementen nachweisen lässt. Sie können durch Experimente mit Pechblenden zwei bislang unbekannte Elemente isolieren: Polonium und wenig später auch Radium. Die Strahlung der Elemente nennen sie Radioaktivität.
1897	Tochter Irène wird geboren. Sie wird 1935 gemeinsam mit ihrem Ehemann Frédéric Joliot-Curie (1900-1958) den Nobelpreis für Chemie erhalten.
1898	Marie und Pierre Curie entdecken die Radioaktivität von Thorium.
Ab 1900	Marie Curie unterrichtet Physik an der École Normale Supérieure für Mädchen in Sèvres. Dabei veranschaulicht sie als Erste den Unterricht mit Experimenten.

1902	Am 9. Juni unterliegt Pierre Curie in einer Stichwahl seinem Konkurrenten, dem französischen Physiker und Hochdruckexperten Emile Hilaire Amagat (1841–1915) um die Aufnahme in die Akademie der Wissenschaften.
1903	Juni: Marie Curie promoviert in Physik. Dezember: Marie und Pierre Curie erhalten gemeinsam mit Antoine Henri Becquerel den Nobelpreis für Physik (für die Entwicklung und Pionierleistung auf dem Gebiet der spontanen Radioaktivität und der Strahlungsphänomene).
1904	Tochter Eve wird geboren. Pierre Curie beginnt seine Arbeit als Professor an der Pariser Sorbonne. Marie Curie veröffentlicht ihre Untersuchungen über die radioaktiven Substanzen.
1905	Pierre Curie wird nun in die Akademie der Wissenschaften aufgenommen.
1906	Am 19. April kommt Pierre Curie bei einem Verkehrsunfall mit einer Pferdekutsche tragisch ums Leben. Ab 13. Mai nimmt Marie Curie auf Bitten der Universitätsleitung und vieler Kollegen die

Arbeit ihres verstorbenen Mannes an der Universität auf und hält damit als erste Frau Vorlesungen an der Sorbonne.

1908   Marie Curie erhält die ordentliche Professur für Physik an der Sorbonne.

1911   Im Januar kandidiert Marie Curie als erste Frau für die Aufnahme in die Akademie der Wissenschaften. Sie verliert die Wahl am 23. Januar nur knapp mit 28 zu 30 Stimmen. Im Dezember wird Marie Curie der Nobelpreis für Chemie verliehen (für die Isolierung der Elemente Polonium und Radium und für ihre Forschung über die chemischen Reaktionen dieser Elemente). Ihre Tochter Irène begleitet sie auf der Reise nach Schweden.

1914   Sie wird Leiterin des Radium-Instituts an der Pariser Universität.

1914–18   Der Erste Weltkrieg bricht aus und Marie Curie will sich nützlich machen. Sie konstruiert gemeinsam mit ihrer Tochter Irène eine mobile Röntgenstation, die in einem Auto untergebracht ist. Mit diesem Auto fährt Marie Curie (stellenweise ganz allein) die Front ab um zu helfen.

1918-27	gemeinsame Forschungen mit ihrer Tochter Irène am Radium-Institut in Paris, das sich in dieser Zeit zum Zentrum der Nuklearforschung entwickelt.
1921	Marie Curie begibt sich gemeinsam mit ihren Töchtern auf eine Vorlesungsreise durch die USA. Im Zuge dieser Reise wird ihr vom damaligen Präsidenten der Vereinigten Staaten, Warren G. Harding (1865–1923), ein Gramm Radium als Anerkennung ihrer Forschungen über-reicht. Im Laufe der Reise stellen sich erste Erkrankungserscheinungen durch die Arbeit mit radioaktiven Elementen ein.
1922	Der Völkerbundrat ernennt Marie Curie einstimmig zum Mitglied der Internatio-nalen Kommission für geistige Zusam-menarbeit.
ab 1922	Marie Curie wird Mitglied an der Akademie für Medizin. Sie erforscht nun verstärkt die Nutzungsmöglichkeiten radioaktiver Substanzen in der Medizin.
1934	Am 4. Juli stirbt Marie Curie in Sancellemoz (Haute-Savoie, Frankreich) an Leukämie.

Marie Curie – eine einzigartige Frau

Ein Gelehrter in seinem Laboratorium ist nicht nur ein Techniker; er steht auch vor den Naturgesetzen wie ein Kind vor der Märchenwelt.
Marie Curie

Die junge Marie

Madame Curies Privatleben von ihrem Leben als Wissenschaftlerin zu trennen, ist unmöglich. Bereits als Kind fiel ihr das Lernen außerordentlich leicht und machte ihr Spaß. Eine mathematische Gleichung zu lösen, war genauso ein Spiel für sie, wie sich lesen und schreiben selbst beizubringen.

Als sie das Lyzeum abgeschlossen hatte, beherrschte sie bereits vier Sprachen fließend und wurde zum Unterricht der Fliegenden Universität eingeladen. Dies war keine richtige Universität, sondern eine geheime Schule. Russland hatte Polen besetzt und die polnische Sprache für den Unterricht verboten. Für die jungen Polinnen und Polen war das aber eine Einschränkung ihrer Freiheit und ihrer Herkunft. Deshalb schlossen sie sich zu einer Art Geheimgesellschaft zusammen, die sich unregelmäßig und vor allem immer an verschiedenen Orten traf, um vom russischen Geheimdienst nicht entdeckt zu werden. Gelehrt wurde Anatomie, Soziologie und Naturwissenschaft auf Polnisch.

Später gab Marie Curie selbst nebenbei kostenlos Unterricht für mittellose Kinder, während sie sich als Erzieherin finanziell über Wasser halten musste. Ihr großes Ziel war das Studium in Paris und als sie dieses erreicht hatte, hätte sie über all ihrer Arbeit, ihrem Fleiß und ihrem Ernst beinahe ihre große Liebe übersehen: Pierre Curie.

Das Leben mit Pierre Curie

Ein Glück, dass auch er Wissenschaftler war und mit genau demselben Ehrgeiz und der gleichen Wissbegierde seine Arbeit liebte wie Marie. Fortan arbeiteten die beiden zusammen und erhielten auch gemeinsam den Nobelpreis für Physik (1903). Beide liebten es, mit dem Fahrrad über Land zu fahren. Dann wieder schlossen sie sich tagelang in ihr Labor ein, vergaßen über der Arbeit zu essen und scheuten öffentliche Auftritte. Marie Curie gab auch nur äußerst ungern Interviews und wenn, dann sprach sie ausschließlich über ihre Arbeit. „In der Wissenschaft geht es um Sachen, nicht um Personen!", sagte sie einmal zu einem Journalisten, der über ihr Privatleben schreiben wollte.

Im Haus Curie war man völlig der Arbeit verschrieben. Und der Fürsorge zu den beiden Töchtern. Doch das Schicksal setzte der großen Liebe ein Ende, als Pierre Curie 1906 bei einem Unfall ums Leben kam.

Die Witwe Madame Curie

Nach dem Tod ihres Ehemannes wurde Marie Curie von allen „Madame Curie" genannt. Und nur die Arbeit hielt Madame Curie davon ab, in Trauer zu versinken. Sie sah es als Pflicht an, das gemeinsame Werk nun allein fortzusetzen. Ihre Töchter, insbesondere Irène, die den gleichen Hang zur Wissenschaft geerbt hatte, unterstützten sie dabei. Eve Curie hingegen war musisch und künstlerisch begabt und schlug beruflich diesen Weg ein.

Als Irène alt genug war, um auf das Gymnasium zu gehen, empfand Marie Curie, dass Irène sich dort nicht richtig entfalten könne, und gründete gemeinsam mit anderen Professoren der Sorbonne eine Privatschule. Gemeinsam mit acht bis zehn anderen Kindern erhielt Irène fortan Privatunterricht von den berühmtesten Professoren. Der Unterricht dauerte pro Tag nur ein bis zwei Stunden und fand an unterschiedlichen Orten oder im Freien statt. Sogar die Zeitungen berichteten damals über das ungewöhnliche Projekt. Nach zwei Jahren musste dieser Unterricht allerdings abgebrochen werden, da die Professoren keine Zeit mehr hatten. Irène kam in eine andere Privatschule, die später auch Eve besuchte.

Gemeinsam mit Irène entwickelte Madame Curie 1914 einen mobilen Röntgenapparat. Der Erste Weltkrieg war ausgebrochen und die Soldaten an der Front brauchten ihre Hilfe. Madame Curie war, wie ihr ganzes Leben lang, auch diesmal äußerst tatkräftig und fuhr einen dieser Röntgenapparate selbst zu den einzelnen Lazaretten an der Front!

Nach dem Krieg widmete sie sich zusammen mit Irène wieder völlig der Forschung. Irène Curie erhielt 1934 gemeinsam mit ihrem Ehemann Frédéric Joliot den Nobelpreis für Chemie für die Entdeckung der künstlichen Radioaktivität – nur wenige Monate, nachdem ihre Mutter gestorben war. Marie Curie wäre vor Freude überglücklich gewesen.

Die Nummer eins

Zu Marie Curies Zeiten war es nicht üblich, dass Frauen studierten. Ihre vorgesehene Rolle war die der Ehefrau und Mutter. Doch nicht nur, dass Marie und ihre Schwester Bronia in Paris ihr Studium aufnahmen, Marie schloss das Studium der Physik als Beste ihres Jahrganges ab und das Studium der Mathematik als Zweitbeste. Auf einem Abschlussfoto ist sie die einzige Frau unter Männern.

Marie Curie war eine außergewöhnliche und sehr starke Frau. Und genauso erzog sie auch ihre Töchter. Sie durften Jungenkleidung tragen und sich im Turnen üben. Beides war damals mehr als ungewöhnlich.

Marie Curie erhielt als erste Frau den Nobelpreis. Sie war die erste Frau, die an der Sorbonne lehren durfte und auch die erste Frau, die in die Akademie der Wissenschaften aufgenommen werden sollte. Und unter all den berühmten Menschen, die jemals einen Nobelpreis erhalten haben, ist Madame Curie die einzige, die ihn gleich in zwei Naturwissenschaften erhalten hat: Physik und Chemie.

Polonium und Radium – Neue Elemente verändern die Welt

Marie Curies Doktorvater, Henri Antoine Becquerel, entdeckte 1896 die Strahlung von Uran. Marie und Pierre Curie waren fasziniert und gingen davon aus, dass auch andere Elemente diese Art Strahlung aussenden mussten. Womit sie recht behielten. Nach mühevoller, jahrelanger Kleinstarbeit und vielen Rückschlägen entdeckten sie Ende 1898 das bislang unbekannte Element Polonium. (Marie Curie benannte es nach ihrer Heimat Polen.) Und am 26. Dezember 1898 konnten sie Radium (lat. radius – der Strahl) isolieren. Beide Elemente sind stark radioaktiv. Nur wenig später entdeckten sie die Strahlung des Elements Thorium. Diese Ergebnisse waren eine Sensation in der Welt der Wissenschaft. Sie bildeten die Grundlage für viele Entwicklungen, die heute unser modernes Leben prägen.

Radioaktivität – Segen und Fluch

Auch der Begriff Radioaktivität stammt von Marie Curie. Darunter versteht man den spontanen Zerfall der Atomkerne. Was Marie und Pierre Curie leider nicht wussten und auch nicht einschätzen konnten, war die Gefährlichkeit der radioaktiven Strahlung. Zum Zeitpunkt der Entdeckung galt die Strahlung nicht nur als ungefährlich, sondern auch als Segen. Unter anderem für die Medizin. Mithilfe der Curie-Strahlentherapie konnten Krankheiten geheilt werden.

Außerdem interessierten sich die Wissenschaftler für die gewaltigen Mengen an Energie, die beim Zerfall von Atomkernen entstehen. Diese Energie wollte man nutzbar machen – das Zeitalter der Atomphysik hatte begonnen. Aber auch das der Atombombe. Segen und Fluch lagen und liegen bei Radioaktivität eng beieinander ...

Auch Marie Curie blieb davon nicht verschont. Sie starb an den Folgen der jahrzehntelangen Arbeit mit den krebserregenden radioaktiven Materialien.

Im Namen der Wissenschaft

Die Entdeckungen der Curies waren so bedeutend für die Wissenschaft, dass viele Dinge ihren Namen trugen oder auch heute noch nach ihnen benannt werden. Neben der Curie-Waage gibt es auch die Curie-Konstante, das Curie-Gesetz und die Curie-Temperatur. Curie war lange Zeit eine Maßeinheit und die Curie-Therapie wurde in der Medizin eingesetzt.

Radioaktivität ist höchst gefährlich; doch sie kann auch ein Segen sein. Wie Pierre Curie sagte: „Ich bin der Meinung, dass die Menschheit mehr Nutzen als Schaden aus den neuen Entdeckungen ziehen kann."

Bellinda wurde 1969 in Österreich geboren. Schon als Kind hat sie Papier geliebt. Und als sie endlich schreiben konnte, hat sie damit begonnen, das Papier zu beschriften. Irgendwann haben die vielen Buchstaben eine Geschichte ergeben, und das hat ihr so gut gefallen, dass sie nicht mehr damit aufhören konnte, weitere Geschichten zu verfassen. Heute schreibt sie jeden Tag, besonders gerne Krimis und historische Erzählungen.

Johann Brandstetter, 1959 in Altötting geboren, half schon als Kind in der Restauratorenwerkstatt seines Vaters, besonders gerne malte er Naturmotive und Menschen. Heute arbeitet er als Illustrator und gestaltet in seinem sonnigen Atelier Kinder-, Jugend- und Sachbücher. Wenn er noch Zeit findet, spielt er Gitarre und macht mit seiner Frau und Freunden Musik. Außerdem wandert und reist er gerne.

Annette Neubauer hat schon als Kind lieber spannende Fälle gelöst als mit Puppen zu spielen. Nach ihrem Abitur wurde sie aber nicht Detektivin, sondern studierte Geschichte und Germanistik an der Universität Bonn. Den Magisterabschluss in der Tasche begab sie sich ins Berufsleben. 2000 machte sie sich mit einer pädagogischen Fachpraxis selbstständig und begann auch ihre Tätigkeit als Kinderbuchautorin. Seither hat sie zahlreiche Bücher veröffentlicht, unter anderem auch Titel zur Reihe Tatort Forschung. Seit 2009 lebt sie als freie Kinderbuchautorin in Köln.

Joachim Krause wurde 1968 in Kempen am Niederrhein geboren und lebt heute mit seiner Frau und seinen beiden Kindern in Jever. Er studierte an der Fachhochschule in Münster Grafikdesign und illustriert seit 1997 freiberuflich Spiele und Kinderbücher für verschiedene Verlage.

Yousun Koh wurde 1975 in Korea geboren und hat in Seoul Visual Design und anschließend in Münster Illustration studiert. Seit ein paar Jahren arbeitet sie als freiberufliche Illustratorin und liebt es, Lesern die Welt in ihren Bildern erklären und vermitteln zu können.